머리말

원포인트 초급 중국어문법은

중국어 기본문형을 한눈에 쉽게 이해할 수 있도록, 짧은 단문으로 구성된 예문을 표로 만들어 어느 페이지를 펼쳐도 부담 없이 중국어 기본문형을 학습할 수 있도록 하였다.

또한 중국어 기본문형에 대한 간단명료한 설명과 함께 다양한 예문을 실어 중국어 기본문형을 문장을 통해 다시 한 번 확인할 수 있도록 하는 한편 각 예문 밑에 한어병음을 병기하여 학습자들이 시간과 장소에 구애 받지 않고 중국어 문법과 회화를 동시에 학습할 수 있도록 하였다.

원포인트 초급 중국어문법의 구성과 특징

이 책은 총 12과로 구성되어 있으며, 각 과의 체제는 단어, 본문, 확인학습, 연습문제 등 네 부분으로 이르어져 있다. 또한 부록에는 확인학습과 연습문제의 답안을 실어두었다.

이 책은 다음과 같은 특징을 지니고 있다.
첫째, 학습자들이 지루하고 딱딱한 느낌을 갖지 않고 부담 없이 학습할 수 있도록 본문에 짤막하고 이해하기 쉬운 예문을 실어두었다.
둘째, 학습자들이 시간과 장소에 구애 받지 않고 학습할 수 있도록 각 예문 밑에 한어병음을 병기하는 한편 해석과 작문에 필요한 단어 또한 사전을 찾지 않아도 될 만큼 상세하게 실어두었다.
셋째, 각 과마다 확인학습과 연습문제를 실어두어 본문의 내용을 다시 한 번 점검하면서 복습할 수 있도록 하였다.

이 책은 이론적인 특징과 실재적인 특징을 두루 갖추고 있어, 중국어 기본문형에 대한 이해를 통해 작문 및 회화 실력 향상과 어휘력 증진은 물론 어느 정도 중국어에 대한 기초가 있는 학습자에게는 독학의 교재로도 충분하리라 생각된다.

　마지막으로 이 책을 출판할 수 있도록 도와주신 제이앤씨 출판사 윤석현 사장님과 편집부 식구들께도 감사의 마음을 전한다.

2017년 12월
저자

목 차

머리말 / 3

제1과	판단문	7
제2과	소유문	33
제3과	존재문	59
제4과	동사술어문	85
제5과	형용사술어문	113
제6과	복습 I	139
제7과	명사술어문	161
제8과	주술술어문	185
제9과	이중목적어구문	209
제10과	연동문	223
제11과	겸어문	245
제12과	복습 II	259

부록　연습문제 답안 …………………………………… 277

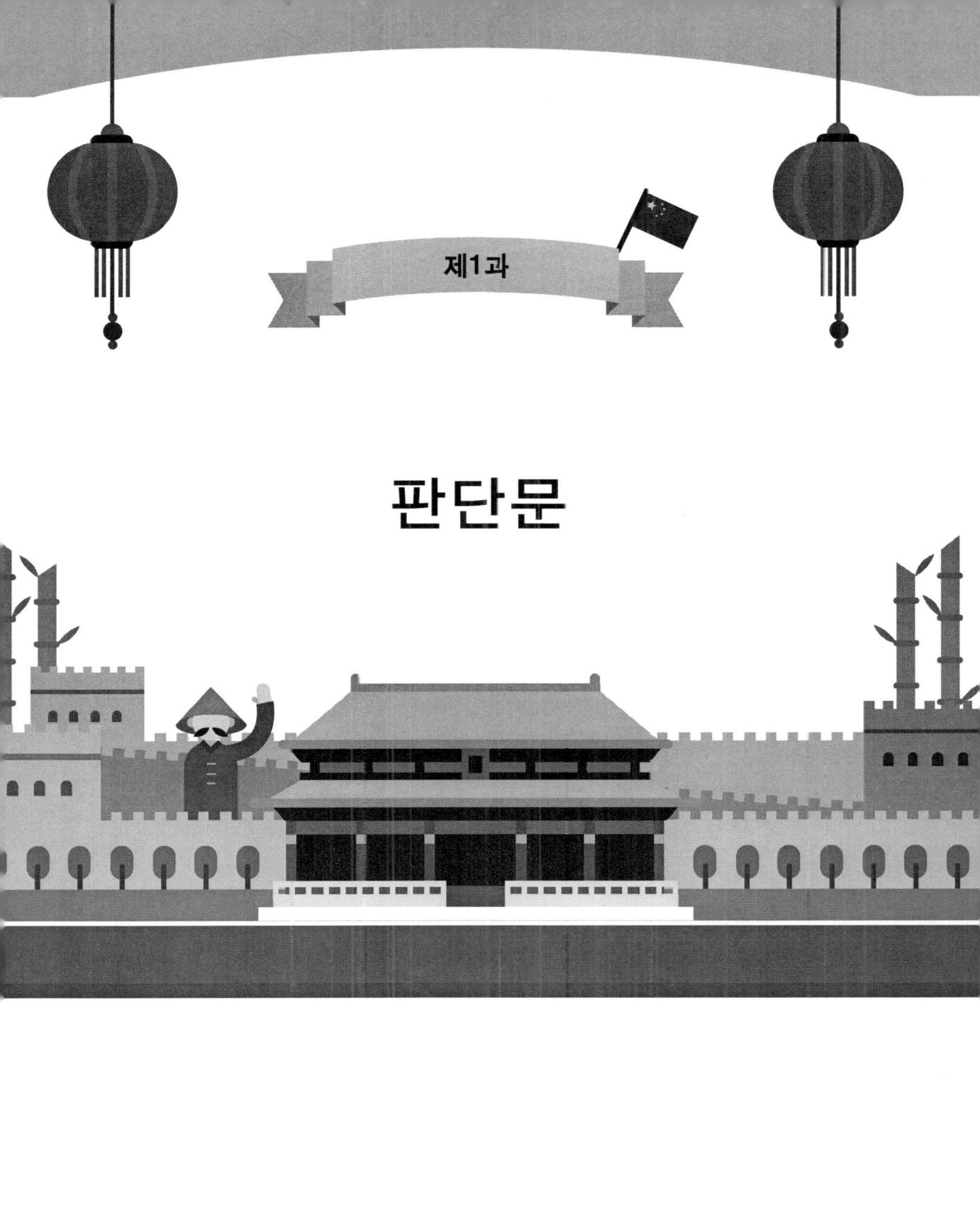

제1과

판단문

단어

- 我 wǒ — 나
- 他 tā — 그
- 她 tā — 그녀
- 这 zhè — 이
- 那 nà — 그, 저
- 你 nǐ — 너, 자네, 당신
- 是 shì — …이다
- 韩国人 Hánguórén — 한국인
- 学生 xuésheng — 학생
- 老师 lǎoshī — 선생님
- 书 shū — 책
- 手机 shǒujī — 휴대폰
- 电脑 diànnǎo — 컴퓨터
- 姐姐 jiějie — 언니, 누나
- 护士 hùshi — 간호사
- 哥哥 gēge — 오빠, 형
- 医生 yīshēng — 의사
- 书包 shūbāo — 책가방
- 词典 cídiǎn — 사전
- 不 bù — (동사·형용사 또는 기타 부사 앞에서) 부정(**否定**)을 나타냄

제1과 판단문

	吗 ma	문장 끝에 쓰여 의문의 어기를 나타냄
	谁 shéi	누구, 누가
	什么 shénme	무엇, 무슨
	哪位 nǎ wèi	어느 분
	爸爸 bàba	아빠, 아버지
	还是 háishi	또는, 아니면
	中国人 Zhōngguórén	중국인
	电子词典 diànzǐcídiǎn	전자사전
	课本 kèběn	교과서
	杂志 zázhì	잡지
	水 shuǐ	물
	酒 jiǔ	술
	可乐 kělè	콜라
	咖啡 kāfēi	커피
	本子 běnzi	공책
	美国人 Měiguórén	미국인
	日本人 Rìběnrén	일본인
	大学生 dàxuéshēng	대학생
	桌子 zhuōzi	탁자, 테이블
	椅子 yǐzi	의자
	妈妈 māma	엄마, 어머니
	我们 wǒmen	우리(들)
	他们 tāmen	그들, 저들, 그 사람들, 저 사람들
	也 yě	…도

和 hé	…과, …와
亚洲人 Yàzhōurén	아시아인
西瓜 xīguā	수박
衣服 yīfu	옷, 의복
新的 xīnde	새 것
律师 lǜshī	변호사
辆 liàng	대, 량[차량을 세는 단위]
汽车 qìchē	자동차
妹妹 mèimei	여동생
高中生 gāozhōngshēng	고등학생
弟弟 dìdi	아우, 남동생
都 dōu	모두, 다, 전부
帽子 màozi	모자
红 hóng	붉다, 빨갛다
可 kě	정말[평서문에 쓰여 강조를 나타냄]
真 zhēn	확실히, 진정으로, 참으로, 진실로, 실제로
好 hǎo	좋다, 아름답다, 훌륭하다, 만족하다

제1과 판단문

> **판단문**
> 판단동사 '是'가 술어의 주요 성분으로 쓰여
> 긍정이나 판단을 나타내는 문장

(1) 긍정형
➡ 기본 구조는 「주어 + 是 + 목적어」이다.

주어	是	목적어	~는 ~이다.
我 Wǒ	是 shì	韩国人 Hánguórén	나는 한국인이다.
他 Tā	是 shì	学生 xuésheng	그는 학생이다.
她 Tā	是 shì	老师 lǎoshī	그녀는 선생님이다.
这 Zhè	是 shì	书 shū	이것은 책이다.
那 Nà	是 shì	手机 shǒujī	그것은 휴대폰이다.
那 Nà	是 shì	电脑 diànnǎo	저것은 컴퓨터이다.

확인학습 1

》》》 다음 문장을 중국어로 옮기시오.

1) 나는 한국인이다.
   》 _____

2) 그는 학생이다.
   》 _____

3) 그녀는 선생님이다.
   》 _____

4) 이것은 책이다.
   》 _____

5) 그것은 휴대폰이다.
   》 _____

6) 저것은 컴퓨터이다.
   》 _____

7) 언니(누나)는 간호사이다.
   》 _____

8) 오빠는(형은) 의사이다.
   》 _____

9) 이것은 책가방이다.
   》 _____

10) 저것은 사전이다.
    》 _____

(2) 부정형

➡ 판단동사 「是」 앞에 브정부사 「不」를 붙인다.

주어	不	是	목적어	~는 ~이 아니다.
我 Wǒ	不 bù	是 shì	韩国人 Hánguórén	나는 한국인이 아니다.
他 Tā	不 bù	是 shì	学生 xuésheng	그는 학생이 아니다.
她 Tā	不 bù	是 shì	老师 lǎoshī	그녀는 선생님이 아니다.
这 Zhè	不 bù	是 shì	书 shū	이것은 책이 아니다.
那 Nà	不 bù	是 shì	手机 shǒujī	그것은 휴대폰이 아니다.
那 Nà	不 bù	是 shì	电脑 diànnǎo	저것은 컴퓨터가 아니다.

확인학습 2

>>> 다음 문장을 중국어로 옮기시오.

1) 나는 한국인이 아니다.
   >>> _____

2) 그는 학생이 아니다.
   >>> _____

3) 그녀는 선생님이 아니다.
   >>> _____

4) 이것은 책이 아니다.
   >>> _____

5) 그것은 휴대폰이 아니다.
   >>> _____

6) 저것은 컴퓨터가 아니다.
   >>> _____

7) 언니(누나)는 간호사가 아니다.
   >>> _____

8) 오빠는(형은) 의사가 아니다.
   >>> _____

9) 이것은 책가방이 아니다.
   >>> _____

10) 저것은 사전이 아니다.
    >>> _____

(3) 의문문

1) 시비의문문

➡ 평서문 끝에 어기조사 「吗」를 붙인다.

주어	是	목적어	吗	~는 ~입니까?
你 Nǐ	是 shì	韩国人 Hánguórén	吗 ma	당신은 한국인입니까?
他 Tā	是 shì	学生 xuésheng	吗 ma	그는 학생입니까?
她 Tā	是 shì	老师 lǎoshī	吗 ma	그녀는 선생님입니까?
这 Zhè	是 shì	书 shū	吗 ma	이것은 책입니까?
那 Nà	是 shì	手机 shǒujī	吗 ma	그것은 휴대폰입니까?
那 Nà	是 shì	电脑 diànnǎo	吗 ma	저것은 컴퓨터입니까?

확인학습 3

>>> 다음 문장을 중국어로 옮기시오.

1) 당신은 한국인입니까?

   >>> _____

2) 그는 학생입니까?

   >>> _____

3) 그녀는 선생님입니까?

   >>> _____

4) 이것은 책입니까?

   >>> _____

5) 그것은 휴대폰입니까?

   >>> _____

6) 저것은 컴퓨터입니까?

   >>> _____

7) 언니(누나)는 간호사입니까?

   >>> _____

8) 오빠는(형은) 의사입니까?

   >>> _____

9) 이것은 책가방입니까?

   >>> _____

10) 저것은 사전입니까?

    >>> _____

2) 정반의문문

➡ 판단동사「是」의 긍정형과 부정형을 나란히 쓴다. 이때 어기조사「吗」는 붙이지 않는다.

주어	긍정 是	부정 不是	목적어	~는 ~입니까 (아닙니까)?
你 Nǐ	是 shì	不是 bù shì	韩国人 Hánguórén	당신은 한국인입니까 (아닙니까)?
他 Tā	是 shì	不是 bù shì	学生 xuésheng	그는 학생입니까 (아닙니까)?
她 Tā	是 shì	不是 bù shì	老师 lǎoshī	그녀는 선생님입니까 (아닙니까)?
这 Zhè	是 shì	不是 bù shì	书 shū	이것은 책입니까 (아닙니까)?
那 Nà	是 shì	不是 bù shì	手机 shǒujī	그것은 휴대폰입니까 (아닙니까)?
那 Nà	是 shì	不是 bù shì	电脑 diànnǎo	저것은 컴퓨터입니까 (아닙니까)?

확인학습 4

>>> 다음 문장을 중국어로 옮기시오.

1) 당신은 한국인입니까 (아닙니까)?

   >>> _____

2) 그는 학생입니까 (아닙니까)?

   >>> _____

3) 그녀는 선생님입니까 (아닙니까)?

   >>> _____

4) 이것은 책입니까 (아닙니까)?

   >>> _____

5) 그것은 휴대폰입니까 (아닙니까)?

   >>> _____

6) 저것은 컴퓨터입니까 (아닙니까)?

   >>> _____

7) 언니(누나)는 간호사입니까 (아닙니까)?

   >>> _____

8) 오빠는(형은) 의사입니까 (아닙니까)?

   >>> _____

9) 이것은 책가방입니까 (아닙니까)?

   >>> _____

10) 저것은 사전입니까 (아닙니까)?

    >>> _____

3) 특지의문문

➡ 의문대명사 「谁, 什么」 등을 사용한다. 이때 어기조사 「吗」는 붙이지 않는다.

주어 (의문사)	是	목적어 (의문사)	누가 ~입니까? / ~는 ~무엇입니까?
谁 Shéi	是 shì	韩国人 Hánguórén	누가 한국인입니까?
谁 Shéi	是 shì	学生 xuésheng	누가 학생입니까?
谁 Shéi	是 shì	老师 lǎoshī	누가 선생님입니까?
哪位 Nǎ wèi	是 shì	你爸爸 nǐ bàba	어느 분이 당신 아버지이십니까?
他 Tā	是 shì	谁 shéi	그는 누구입니까?
这 Zhè	是 shì	什么 shénme	이것은 무엇입니까?

확인학습 5

>>> 다음 문장을 중국어로 옮기시오.

1) 누가 한국인입니까?

   >>> _____

2) 누가 학생입니까?

   >>> _____

3) 누가 선생님입니까?

   >>> _____

4) 어느 분이 당신 아버지이십니까?

   >>> _____

5) 그는 누구입니까?

   >>> _____

6) 이것은 무엇입니까?

   >>> _____

7) 누가 간호사입니까?

   >>> _____

8) 누가 의사입니까?

   >>> _____

9) 어느 분이 당신 어머니이십니까?

   >>> _____

10) 그녀는 누구입니까?

    >>> _____

4) 선택의문문

➡ 접속사 「还是」를 사용한다. 이때 어기조사 「吗」는 붙이지 않는다.

주어	是	A	还是	B	~는 A입니까 아니면 B입니까?
你 Nǐ	是 shì	韩国人 Hánguórén	还是 háishi	中国人 Zhōngguórén	당신은 한국인입니까? 아니면 중국인입니까?
他 Tā	是 shì	学生 xuésheng	还是 háishi	老师 lǎoshī	그는 학생입니까? 아니면 선생님입니까?
她 Tā	是 shì	老师 lǎoshī	还是 háishi	护士 hùshi	그녀는 선생님입니까? 아니면 간호사입니까?
这 Zhè	是 shì	书 shū	还是 háishi	词典 cídiǎn	이것은 책입니까 아니면 사전입니까?
那 Nà	是 shì	手机 shǒujī	还是 háishi	电脑 diànnǎo	그것은 휴대폰입니까 아니면 컴퓨터입니까?
那 Nà	是 shì	电脑 diànnǎo	还是 háishi	电子词典 diànzǐcídiǎn	저것은 컴퓨터입니까? 아니면 전자사전입니까?

확인학습 6

>>> 다음 문장을 중국어로 옮기시오.

1) 당신은 한국인입니까 아니면 중국인입니까?
   >>> _____

2) 그는 학생입니까 아니면 선생님입니까?
   >>> _____

3) 그녀는 선생님입니까 아니면 간호사입니까?
   >>> _____

4) 이것은 책입니까 아니면 사전입니까?
   >>> _____

5) 그것은 휴대폰입니까 아니면 컴퓨터입니까?
   >>> _____

6) 저것은 컴퓨터입니까 아니면 전자사전입니까?
   >>> _____

7) 그것는 교과서입니까 아니면 잡지입니까?
   >>> _____

8) 그는 당신 오빠입니까 아니면 당신 남동생입니까?
   >>> _____

9) 그것은 술입니까 아니면 물입니까?
   >>> _____

10) 저것은 콜라입니까 아니면 커피입니까?
    >>> _____

제1과 판단문

연습문제

1. 다음 문장을 해석하시오.

1) 我是韩国人。
   » _____

2) 他是学生。
   » _____

3) 她是老师。
   » _____

4) 这是书。
   » _____

5) 那是手机。
   » _____

6) 那是电脑。
   » _____

7) 我不是韩国人。
   » _____

8) 他不是学生。
   » _____

9) 她不是老师。
   » _____

10) 这不是书。
    >>> _____

11) 那不是手机。
    >>> _____

12) 那不是电脑。
    >>> _____

13) 你是韩国人吗?
    >>> _____

14) 他是学生吗?
    >>> _____

15) 她是老师吗?
    >>> _____

16) 这是书吗?
    >>> _____

17) 那是手机吗?
    >>> _____

18) 那是电脑吗?
    >>> _____

19) 你是不是韩国人?
    >>> _____

20) 他是不是学生?
    >>> _____

21) 她是不是老师?
    >>> _____

제1과 판단문

22) 这是不是书?
    >>> _____

23) 那是不是手机?
    >>> _____

24) 那是不是电脑?
    >>> _____

25) 谁是韩国人?
    >>> _____

26) 谁是学生?
    >>> _____

27) 谁是老师?
    >>> _____

28) 哪位是你爸爸?
    >>> _____

29) 他是谁?
    >>> _____

30) 这是什么?
    >>> _____

31) 你是韩国人还是中国人?
    >>> _____

32) 他是学生还是老师?
    >>> _____

33) 她是老师还是护士?
    >>> _____

34) 这是书还是词典?

>>> _____

35) 那是手机还是电脑?

>>> _____

36) 那是电脑还是电子词典?

>>> _____

2. 다음 문장을 부정문으로 바꾸시오.

1) 我是韩国人。

>>> _____

2) 他是学生。

>>> _____

3) 她是老师。

>>> _____

4) 这是书。

>>> _____

5) 那是手机。

>>> _____

6) 那是电脑。

>>> _____

7) 姐姐是护士。

>>> _____

8) 哥哥是医生。

>>> _____

9) 这是书包。

   » _____

10) 那是词典。

   » _____

3. 다음 문장을 긍정문으로 바꾸시오.

1) 我不是韩国人。

   » _____

2) 他不是学生。

   » _____

3) 她不是老师。

   » _____

4) 这不是书。

   » _____

5) 那不是手机。

   » _____

6) 那不是电脑。

   » _____

7) 姐姐不是护士。

   » _____

8) 哥哥不是医生。

   » _____

9) 这不是书包。

   » _____

10) 那不是词典。

   》》 _____

4. 다음 문장을 제시한 의문문으로 바꾸시오.

   1) 我是韩国人。(시비의문문)

   》》 _____

   2) 他是学生。(정반의문문)

   》》 _____

   3) 她是老师。(특지의문문)

   》》 _____

   4) 这是书。(선택의문문)

   》》 _____

   5) 那是手机。(시비의문문)

   》》 _____

   6) 那是电脑。(정반의문문)

   》》 _____

   7) 姐姐是护士。(선택의문문)

   》》 _____

   8) 哥哥是医生。(시비의문문)

   》》 _____

   9) 这是书包。(특지의문문)

   》》 _____

   10) 那是词典。(시비의문문)

   》》 _____

제1과 판단문

5. 괄호 안의 단어를 선택하여 아래 문장을 중국어로 옮기시오.

1) 이것은 무엇입니까?

   (那 / 什么 / 是 / 这 / 吗 / 谁)

   »» _____

2) 그는 중국어 선생님입니까?

   (他 / 是 / 老师 / 不是 / 还是 / 汉语 / 吗)

   »» _____

3) 이것은 공책입니까 아니면 교과서입니까?

   (这 / 是 / 本子 / 课本 / 不是 / 还是 / 吗)

   »» _____

4) 그는 중국인입니까 아니면 일본인입니까?

   (他 / 是 / 中国人 / 日本人 / 吗 / 不是 / 还是)

   »» _____

5) 그녀는 대학생입니까 아니면 고등학생입니까?

   (她 / 高中生 / 是 / 不是 / 还是 / 吗 / 大学生)

   »» _____

6) 그는 누구입니까?

   (他 / 是 / 什么 / 谁 / 吗)

   »» _____

7) 이것은 탁자입니다.

   (那 / 桌子 / 是 / 这 / 不)

   »» _____

8) 당신은 한국인입니까?

   (你 / 是 / 还是 / 韩国人 / 吗 / 不是)

   »» _____

9) 그것은 의자가 아니다.

   (那 / 椅子 / 是 / 这 / 不)

   ≫ _____

10) 그는 미국인입니까?

    (他 / 是 / 不是 / 还是 / 美国人 / 吗)

    ≫ _____

6. 다음 문장을 중국어로 옮기시오.

1) 그들은 모두 아시아인입니다.

   ≫ _____

2) 저것은 무엇입니까?

   ≫ _____

3) 그것은 수박입니다.

   ≫ _____

4) 저 옷은 새것이 아닙니다.

   ≫ _____

5) 그는 변호사가 아닙니다.

   ≫ _____

6) 언니(누나)는 대학생입니다.

   ≫ _____

7) 이 자동차는 여동생 것이 아닙니다.

   ≫ _____

8) 그들은 고등학생입니까?

   ≫ _____

제1과 판단문

9) 그녀는 누구입니까?
   >> _____

10) 그는 당신 남동생입니까 (아닙니까)?
    >> _____

7. 다음 중 어순에 맞는 문장을 고르시오.

   1) ① 我是个大学生。   ② 我大学生是个。
      ③ 我是大学生个。   ④ 大学生我是个。

   2) ① 我们是也都学生。   ② 我们也都是学生。
      ③ 都我们也是学生。   ④ 我们也是学生都。

   3) ① 我和他学生都是。   ② 我和他是学生都。
      ③ 我和他都是学生。   ④ 我和他学生是都。

   4) ① 我们是日本学生都。   ② 我们都是日本学生。
      ③ 我们都日本学生是。   ④ 都我们是日本学生。

   5) ① 我的帽子红的是。   ② 我的帽子是红的。
      ③ 是红的帽子我的。   ④ 是我的帽子红的。

   6) ① 她可真是个好医生。   ② 她是个好医生可真。
      ③ 她好医生可真是个。   ④ 她是个可真好医生。

MEMO

제2과

소유문

단어

- 我 wǒ — 나
- 他 tā — 그
- 她 tā — 그녀
- 这儿 zhèr — 이곳, 여기
- 那儿 nàr — 저곳, 그곳, 거기, 저기
- 你 nǐ — 너, 자네, 당신
- 有 yǒu — 있다
- 没有 méiyǒu — 없다
- 哥哥 gēge — 오빠, 형
- 弟弟 dìdi — 아우, 남동생
- 中国 Zhōngguó — 중국
- 不 bù — (동사·형용사 또는 기타 부사 앞에서) 부정(否定)을 나타냄
- 吗 ma — 문장 끝에 쓰여 의문의 어기를 나타냄
- 谁 shéi — 누구, 누가
- 什么 shénme — 무엇, 무슨
- 哪 nǎ — 어느
- 韩国 Hánguó — 한국
- 日本 Rìběn — 일본
- 人 rén — 사람
- 朋友 péngyou — 친구

☐	老师 lǎoshī	선생님
☐	女学生 nǚxuésheng	여학생
☐	帽子 màozi	모자
☐	三 sān	삼, 셋, 3
☐	椅子 yǐzi	의자
☐	一 yī	일, 하나, 1
☐	男朋友 nánpéngyou	남자 친구
☐	书 shū	책
☐	电脑 diànnǎo	컴퓨터
☐	护照 hùzhào	여권
☐	姐姐 jiějie	언니, 누나
☐	时间 shíjiān	시간
☐	钱包 qiánbāo	돈지갑, 돈가방, 돈주머니
☐	钱 qián	돈
☐	地图 dìtú	지도
☐	洗手间 xǐshǒujiān	화장실
☐	还是 háishi	또는, 아니면
☐	词典 cídiǎn	사전
☐	女儿 nǚ'ér	딸
☐	儿子 érzi	아들
☐	车票 chēpiào	차표
☐	机票 jīpiào	비행기표, 항공권
☐	电子词典 diànzǐcídiǎn	전자사전
☐	自行车 zìxíngchē	자전거
☐	汽车 qìchē	자동차

☐	手提包 shǒutíbāo	핸드백, 손가방
☐	现金 xiànjīn	현금
☐	信用卡 xìnyòngkǎ	신용카드
☐	邮票 yóupiào	우표
☐	口 kǒu	사람, 마리[사람이나 가축을 세는 단위]
☐	录音机 lùyīnjī	녹음기
☐	饭店 fàndiàn	호텔
☐	里 lǐ	안, 속, 가운데, 내부
☐	客人 kèrén	손님, 방문객, 고객
☐	百科全书 bǎikēquánshū	백과사전, 백과전서
☐	咖啡馆 kāfēiguǎn	커피숍, 카페(cafe)
☐	会议 huìyì	회의
☐	书包 shūbāo	책가방
☐	外国人 wàiguórén	외국인
☐	运动鞋 yùndòngxié	운동화
☐	背包 bèibāo	배낭
☐	摩托车 mótuōchē	오토바이
☐	兄弟姐妹 xiōngdìjiěmèi	형제자매
☐	电影院 diànyǐngyuàn	영화관, 극장
☐	英国 Yīngguó	영국
☐	照相机 zhàoxiàngjī	사진기, 카메라
☐	屋里 wūli	방안, 실내
☐	封 fēng	통, 꾸러미[편지 세는 단위]
☐	信 xìn	편지, 서신

제2과 소유문

소유문

소유동사 '有'가 술어의 주요 성분으로 쓰여
소유를 나타내는 문장

(1) 긍정형

▶ 기본 구조는 「주어 + 有 + 목적어」이다.

주어	有	목적어	~는 ~이 있다. (~는 ~을 가지고 있다.)
我 Wǒ	有 yǒu	哥哥 gēge	나는 오빠가(형이) 있다.
我 Wǒ	有 yǒu	书 shū	나는 책이 있다.
她 Tā	有 yǒu	男朋友 nánpéngyou	그녀는 남자 친구가 있다.
他 Tā	有 yǒu	电脑 diànnǎo	그는 컴퓨터를 가지고 있다.
哥哥 Gēge	有 yǒu	护照 hùzhào	오빠는(형은) 여권을 가지고 있다.
姐姐 Jiějie	有 yǒu	时间 shíjiān	언니(누나)는 시간이 있다.

확인학습 1

>>> 다음 문장을 중국어로 옮기시오.

1) 나는 오빠가(형이) 있다.
   >>> _____

2) 나는 책이 있다.
   >>> _____

3) 그녀는 남자 친구가 있다.
   >>> _____

4) 그는 컴퓨터를 가지고 있다.
   >>> _____

5) 오빠는(형은) 여권을 가지고 있다.
   >>> _____

6) 언니(누나)는 시간이 있다.
   >>> _____

7) 여동생은 지갑을 가지고 있다.
   >>> _____

8) 그녀는 돈이 있다.
   >>> _____

9) 그는 중국친구가 있다.
   >>> _____

10) 남자 친구는 중국지도를 가지고 있다.
    >>> _____

(2) 부정형

➡ 소유동사「有」앞에 부정부사「没」를 붙인다.

주어	没	有	목적어	~는 ~이 없다. (~는 ~을 가지고 있지 않다.)
我 Wǒ	没 méi	有 yǒu	哥哥 gēge	나는 오빠가(형이) 없다.
我 Wǒ	没 méi	有 yǒu	书 shū	나는 책이 없다.
她 Tā	没 méi	有 yǒu	男朋友 nánpéngyou	그녀는 남자 친구가 없다.
他 Tā	没 méi	有 yǒu	电脑 diànnǎo	그는 컴퓨터를 가지고 있지 않다.
哥哥 Gēge	没 méi	有 yǒu	护照 hùzhào	오빠는(형은) 여권을 가지고 있지 않다.
姐姐 Jiějie	没 méi	有 yǒu	时间 shíjiān	언니(누나)는 시간이 없다.

확인학습 2

>>> 다음 문장을 중국어로 옮기시오.

1) 나는 오빠가(형이) 없다.
   >>> _____

2) 나는 책이 없다.
   >>> _____

3) 그녀는 남자 친구가 없다.
   >>> _____

4) 그는 컴퓨터를 가지고 있지 않다.
   >>> _____

5) 오빠는(형은) 여권을 가지고 있지 않다.
   >>> _____

6) 언니(누나)는 시간이 없다.
   >>> _____

7) 여동생은 지갑이 없다.
   >>> _____

8) 그녀는 돈이 없다.
   >>> _____

9) 그는 중국친구가 없다.
   >>> _____

10) 남자 친구는 중국지도를 가지고 있지 않다.
    >>> _____

(3) 의문문

1) 시비의문문

 평서문 끝에 어기조사 「吗」를 붙인다.

주어	有	목적어	吗	~는 ~이 있습니까? (~는 ~을 가지고 있습니까?)
你 Nǐ	有 yǒu	哥哥 gēge	吗 ma	당신은 오빠가(형이) 있습니까?
你 Nǐ	有 yǒu	书 shū	吗 ma	당신은 책이 있습니까?
她 Tā	有 yǒu	男朋友 nánpéngyou	吗 ma	그녀는 남자 친구가 있습니까?
他 Tā	有 yǒu	电脑 diànnǎo	吗 ma	그는 컴퓨터를 가지고 있습니까?
哥哥 Gēge	有 yǒu	护照 hùzhào	吗 ma	오빠는(형은) 여권을 가지고 있습니까?
姐姐 Jiějie	有 yǒu	时间 shíjiān	吗 ma	언니(누나)는 시간이 있습니까?

확인학습 3

>>> 다음 문장을 중국어로 옮기시오.

1) 당신은 오빠가(형이) 있습니까?
   >>> _____

2) 당신은 책이 있습니까?
   >>> _____

3) 그녀는 남자 친구가 있습니까?
   >>> _____

4) 그는 컴퓨터를 가지고 있습니까?
   >>> _____

5) 오빠는(형은) 여권을 가지고 있습니까?
   >>> _____

6) 언니(누나)는 시간이 있습니까?
   >>> _____

7) 여동생은 지갑이 있습니까?
   >>> _____

8) 그녀는 돈이 있습니까?
   >>> _____

9) 그는 중국친구가 있습니까?
   >>> _____

10) 남자 친구는 중국지도를 가지고 있습니까?
    >>> _____

2) 정반의문문

➡ 소유동사 「有」의 긍정형과 부정형을 나란히 쓴다. 이때 어기조사 「吗」는 붙이지 않는다.

주어	긍정 有	부정 没有	목적어	~는 ~이 있습니까 (없습니까)?
你 Nǐ	有 yǒu	没有 méiyǒu	哥哥 gēge	당신은 오빠가(형이) 있습니까 (없습니까)?
你 Nǐ	有 yǒu	没有 méiyǒu	书 shū	당신은 책이 있습니까 (없습니까)?
她 Tā	有 yǒu	没有 méiyǒu	男朋友 nánpéngyou	그녀는 남자 친구가 있습니까 (없습니까)?
他 Tā	有 yǒu	没有 méiyǒu	电脑 diànnǎo	그는 컴퓨터를 가지고 있습니까 (가지고 있지 없습니까)?
哥哥 Gēge	有 yǒu	没有 méiyǒu	护照 hùzhào	오빠는(형은) 여권을 가지고 있습니까 (가지고 있지 않습니까)?
姐姐 Jiějie	有 yǒu	没有 méiyǒu	时间 shíjiān	언니(누나)는 시간이 있습니까 (없습니까)?

 ## 확인학습 4

>>> 다음 문장을 중국어로 옮기시오.

1) 당신은 오빠가(형이) 있습니까 (없습니까)?

   >>> _____

2) 당신은 책이 있습니까 (없습니까)?

   >>> _____

3) 그녀는 남자 친구가 있습니까 (없습니까)?

   >>> _____

4) 그는 컴퓨터를 가지고 있습니까 (가지고 있지 않습니까)?

   >>> _____

5) 오빠는(형은) 여권을 가지고 있습니까 (가지고 있지 않습니까)?

   >>> _____

6) 언니(누나)는 시간이 있습니까 (없습니까)?

   >>> _____

7) 여동생은 지갑이 있습니까 (없습니까)?

   >>> _____

8) 그녀는 돈이 있습니까 (없습니까)?

   >>> _____

9) 그는 중국친구가 있습니까 (없습니까)?

   >>> _____

10) 남자 친구는 중국지도를 가지고 있습니까 (가지고 있지 않습니까)?

    >>> _____

3) 특지의문문

➡ 의문대명사 「谁, 什么, 哪儿」 등을 사용한다. 이때 어기조사 「吗」는 붙이지 않는다.

주어 (의문사)	有	목적어 (의문사)	누가 ~을 가지고 있습니까? (~는 무엇을 가지고 있습니까? / 어디에 ~이 있습니까?)
谁 Shéi	有 yǒu	哥哥 gēge	누가 오빠가(형이) 있습니까?
谁 Shéi	有 yǒu	男朋友 nánpéngyou	누가 남자 친구가 있습니까?
谁 Shéi	有 yǒu	时间 shíjiān	누가 시간이 있습니까?
谁 Shéi	有 yǒu	护照 hùzhào	누가 여권을 가지고 있습니까?
哪儿 Nǎr	有 yǒu	洗手间 xǐshǒujiān	어디에 화장실이 있습니까?
你 Nǐ	有 yǒu	什么书 shénme shū	당신은 무슨 책을 가지고 있습니까?

확인학습 5

>>> 다음 문장을 중국어로 옮기시오.

1) 누가 오빠가(형이) 있습니까?

   >>> _____

2) 누가 남자 친구가 있습니까?

   >>> _____

3) 누가 시간이 있습니까?

   >>> _____

4) 누가 여권을 가지고 있습니까?

   >>> _____

5) 어디에 화장실이 있습니까?

   >>> _____

6) 당신은 무슨 책을 가지고 있습니까?

   >>> _____

7) 누가 지갑을 가지고 있습니까?

   >>> _____

8) 누가 돈이 있습니까?

   >>> _____

9) 누가 중국친구가 있습니까?

   >>> _____

10) 남자 친구는 어느 나라 지도를 가지고 있습니까?

    >>> _____

4) 선택의문문

➡ 접속사「还是」를 사용한다. 이때 어기조사「吗」는 붙이지 않는다.

주어	有	A	还是	有	B	~는 A가 있습니까? 아니면 B가 있습니까?
你 Nǐ	有 yǒu	哥哥 gēge	还是 háishi	有 yǒu	姐姐 jiějie	당신은 오빠가(형이) 있습니까 아니면 언니(누나)가 있습니까?
你 Nǐ	有 yǒu	书 shū	还是 háishi	有 yǒu	词典 cídiǎn	당신은 책을 가지고 있습니까 아니면 사전을 가지고 있습니까?
她 Tā	有 yǒu	女儿 nǚ'ér	还是 háishi	有 yǒu	儿子 érzi	그녀는 딸이 있습니까 아니면 아들이 있습니까?
她 Tā	有 yǒu	车票 chēpiào	还是 háishi	有 yǒu	机票 jīpiào	그녀는 차표를 가지고 있습니까 아니면 비행기 표를 가지고 있습니까?
他 Tā	有 yǒu	电脑 diànnǎo	还是 háishi	有 yǒu	电子词典 diànzǐcídiǎn	그는 컴퓨터를 가지고 있습니까 아니면 전자사전을 가지고 있습니까?
他 Tā	有 yǒu	自行车 zìxíngchē	还是 háishi	有 yǒu	汽车 qìchē	그는 자전거를 가지고 있습니까 아니면 자동차를 가지고 있습니까?

확인학습 6

>>> 다음 문장을 중국어로 옮기시오.

1) 당신은 오빠가(형이) 있습니까 아니면 언니(누나)가 있습니까?
   >>> _____

2) 당신은 책을 가지고 있습니까 아니면 사전을 가지고 있습니까?
   >>> _____

3) 그녀는 딸이 있습니까 아니면 아들이 있습니까?
   >>> _____

4) 그녀는 차표를 가지고 있습니까 아니면 비행기표를 가지고 있습니까?
   >>> _____

5) 그는 컴퓨터를 가지고 있습니까 아니면 전자사전을 가지고 있습니까?
   >>> _____

6) 그는 자전거를 가지고 있습니까 아니면 자동차를 가지고 있습니까?
   >>> _____

7) 여동생은 지갑을 가지고 있습니까 아니면 핸드백을 가지고 있습니까?
   >>> _____

8) 그녀는 현금을 가지고 있습니까 아니면 신용카드를 가지고 있습니까?
   >>> _____

9) 그는 중국친구가 있습니까 아니면 일본친구가 있습니까?
   >>> _____

10) 남자 친구는 중국지도를 가지고 있습니까 아니면 한국지도를 가지고 있습니까?
    >>> _____

연습문제

1. 다음 문장을 해석하시오.

1) 我有哥哥。

   ≫ _____

2) 我有书。

   ≫ _____

3) 她有男朋友。

   ≫ _____

4) 他有电脑。

   ≫ _____

5) 哥哥有护照。

   ≫ _____

6) 姐姐有时间。

   ≫ _____

7) 我没有哥哥。

   ≫ _____

8) 我没有书。

   ≫ _____

9) 她没有男朋友。

   ≫ _____

10) 他没有电脑。
    >>> _____

11) 哥哥没有护照。
    >>> _____

12) 姐姐没有时间。
    >>> _____

13) 你有哥哥吗?
    >>> _____

14) 你有书吗?
    >>> _____

15) 她有男朋友吗?
    >>> _____

16) 他有电脑吗?
    >>> _____

17) 哥哥有护照吗?
    >>> _____

18) 姐姐有时间吗?
    >>> _____

19) 你有没有哥哥?
    >>> _____

20) 你有没有书?
    >>> _____

21) 她有没有男朋友?
    >>> _____

22) 他有没有电脑?
   » _____

23) 哥哥有没有护照?
   » _____

24) 姐姐有没有时间?
   » _____

25) 谁有哥哥?
   » _____

26) 谁有男朋友?
   » _____

27) 谁有时间?
   » _____

28) 谁有护照?
   » _____

29) 哪儿有洗手间?
   » _____

30) 你有什么书?
   » _____

31) 你有哥哥还是有姐姐?
   » _____

32) 你有书还是有词典?
   » _____

33) 她有女儿还是有儿子?
   » _____

34) 她有车票还是有机票?

   》 _____

35) 他有电脑还是有电子词典?

   》 _____

36) 他有自行车还是有汽车?

   》 _____

2. 다음 문장을 부정문으로 바꾸시오.

1) 我有哥哥。

   》 _____

2) 我有书。

   》 _____

3) 她有男朋友。

   》 _____

4) 他有电脑。

   》 _____

5) 哥哥有护照。

   》 _____

6) 姐姐有时间。

   》 _____

7) 妹妹有钱包。

   》 _____

8) 她有钱。

   》 _____

9) 他有中国朋友。

   ≫ _____

10) 男朋友有中国地图。

   ≫ _____

3. 다음 문장을 긍정문으로 바꾸시오.

1) 我没有哥哥。

   ≫ _____

2) 我没有书。

   ≫ _____

3) 她没有男朋友。

   ≫ _____

4) 他没有电脑。

   ≫ _____

5) 哥哥没有护照。

   ≫ _____

6) 姐姐没有时间。

   ≫ _____

7) 妹妹没有钱包。

   ≫ _____

8) 她没有钱。

   ≫ _____

9) 他没有中国朋友。

   ≫ _____

10) 男朋友没有中国地图。

>>> _____

4. 다음 문장을 의문문으로 바꾸시오.

1) 我有哥哥。(시비의문문)

>>> _____

2) 我有书。(정반의문문)

>>> _____

3) 她有男朋友。(특지의문문)

>>> _____

4) 他有电脑。(선택의문문)

>>> _____

5) 哥哥有护照。(시비의문문)

>>> _____

6) 姐姐有时间。(정반의문문)

>>> _____

7) 妹妹有钱包。(특지의문문)

>>> _____

8) 她有钱。(시비의문문)

>>> _____

9) 他有中国朋友。(정반의문문)

>>> _____

10) 男朋友有中国地图。(특지의문문)

>>> _____

5. 괄호 안의 단어를 선택하여 아래 문장을 중국어로 옮기시오.

1) 선생님은 우표를 가지고 계십니다.
   (老师 / 邮票 / 是 / 有 / 在)
   ≫ _____

2) 그의 집에는 여섯 식구가 있다.
   (他家 / 是 / 六口人 / 在 / 有)
   ≫ _____

3) 그녀는 녹음기 없다.
   (她 / 在 / 不 / 有 / 录音机 / 没)
   ≫ _____

4) 호텔 안에 손님이 없다.
   (饭店里 / 有 / 客人 / 不 / 在 / 没)
   ≫ _____

5) 이곳에 지도가 있나요?
   (是 / 在 / 那儿 / 地图 / 不 / 有 / 这儿 / 吗 / 没)
   ≫ _____

6) 여기에는 여학생이 있나요 없나요?
   (是 / 有 / 在 / 个 / 这儿 / 女学生 / 没有)
   ≫ _____

7) 그곳에 화장실이 있습니까?
   (有 / 那儿 / 在 / 哪儿 / 吗 / 洗手间)
   ≫ _____

8) 당신은 백과사전이 있습니까?
   (没有 / 在 / 你 / 有 / 吗 / 百科全书)
   ≫ _____

9) 그곳에 카페가 있습니까?

   (在 / 这儿 / 吗 / 哪儿 / 咖啡馆 / 有 / 怎么 / 那儿)

   》 _____

10) 당신은 회의가 있습니까?

   (没有 / 你 / 在 / 有 / 会议 / 吗)

   》 _____

6. 다음을 중국어로 옮기시오.

1) 나는 책가방이 없다.

   》 _____

2) 언니(누나)는 외국친구가 있다.

   》 _____

3) 나는 운동화가 없다.

   》 _____

4) 그는 배낭이 있나요 (없나요)?

   》 _____

5) 오빠는(형은) 오토바이가 있다.

   》 _____

6) 당신은 형제자매가 있습니까?

   》 _____

7) 이곳에 극장이 있습니까?

   》 _____

8) 그는 영국친구가 있다.

   》 _____

9) 나는 카메라를 가지고 있다.
   》 _____

10) 그녀는 모자가 없다.
   》 _____

7. 다음 중 어순에 맞는 문장을 고르시오.

1) ① 没词典有他。　　　　　② 有词典没他。
   ③ 他有没词典。　　　　　④ 他没有词典。

2) ① 有个好朋友我。　　　　② 我有个好朋友。
   ③ 我个好朋友有。　　　　④ 好朋友有个我。

3) ① 屋里三个人有。　　　　② 三个人有屋里。
   ③ 有三个人屋里。　　　　④ 屋里有三个人。

4) ① 没有书椅子上。　　　　② 椅子上书没有。
   ③ 椅子上没有书。　　　　④ 没有椅子上书。

5) ① 没有书包里词典。　　　② 书包里没有词典。
   ③ 书包里词典没有。　　　④ 词典书包里没有。

6) ① 桌子上有一封信。　　　② 有一封信桌子上。
   ③ 桌子上一封信有。　　　④ 一封信桌子上有。

MEMO

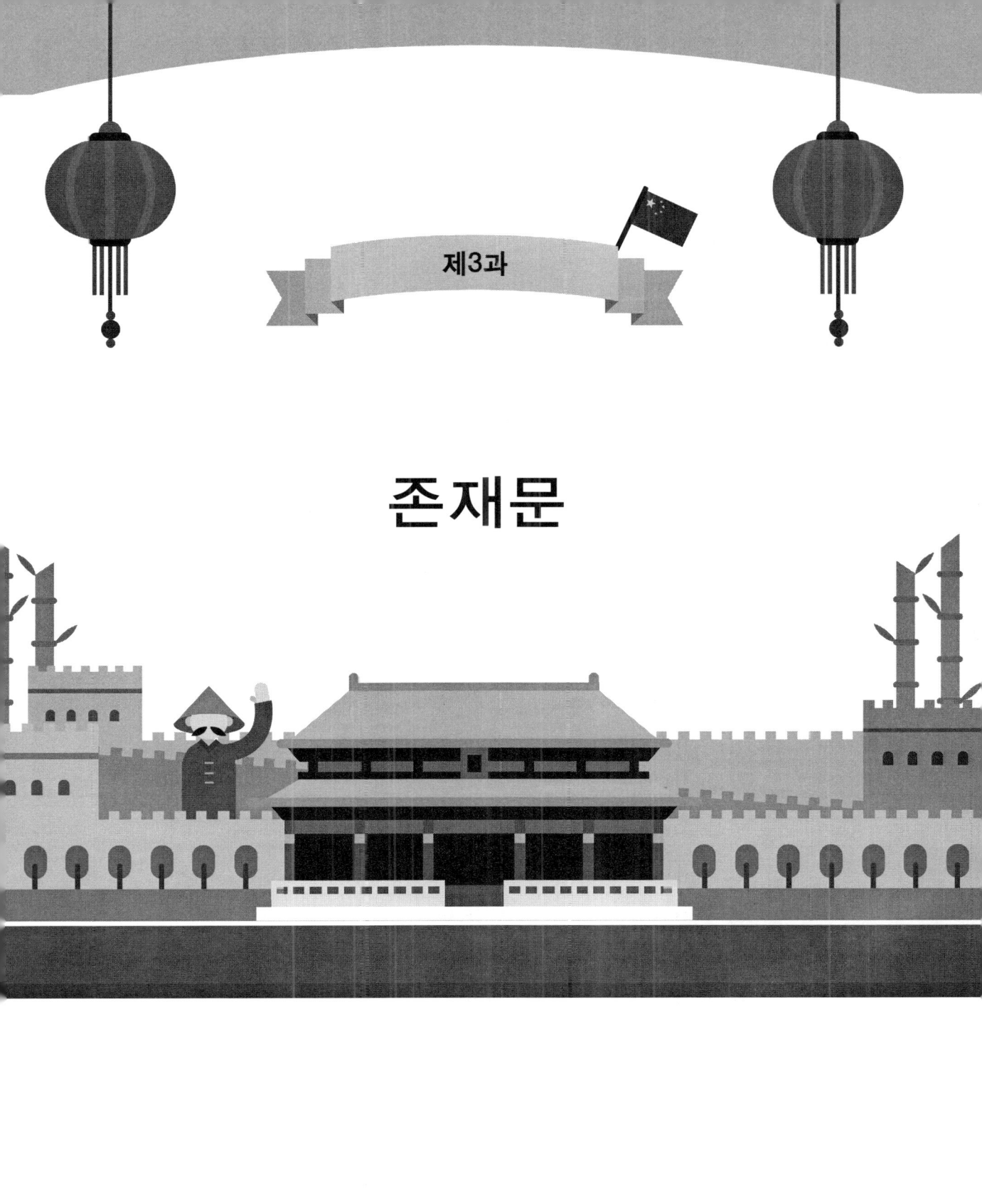

단어

- 她 tā — 그녀
- 姐姐 jiějie — 언니, 누나
- 老师 lǎoshī — 선생님
- 他 tā — 그
- 在 zài — …에 있다
- 不 bù — (동사·형용사 또는 기타 부사 앞에서) 부정(否定)을 나타냄
- 吗 ma — 문장 끝에 쓰여 의문의 어기를 나타냄
- 日本 Rìběn — 일본
- 中国 Zhōngguó — 중국
- 韩国 Hánguó — 한국
- 学校 xuéxiào — 학교
- 图书馆 túshūguǎn — 도서관
- 这儿 zhèr — 이곳, 여기
- 教室 jiàoshì — 교실
- 书包 shūbāo — 책가방
- 桌子 zhuōzi — 탁자, 테이블
- 上 shàng — 위
- 还是 háishi — 또는, 아니면
- 厨房 chúfáng — 부엌

爸爸 bàba	아빠, 아버지
妈妈 māma	엄마, 어머니
北京 Běijīng	북경, 베이징
家 jiā	집
济州岛 Jìzhōudǎo	제주도
上海 Shànghǎi	상해, 상하이
词典 cídiǎn	사전
里 lǐ	안, 속, 가운데, 내부
哪儿 nǎr	어디, 어느 곳
这儿 zhèr	이곳, 여기
那儿 nàr	거기, 그곳
食堂 shítáng	(구내) 식당, 음식점
房间 fángjiān	방
首尔 Shǒu'ěr	서울
椅子 yǐzi	의자
南京 Nánjīng	난징, 남경
抽屉 chōuti	서랍
口袋 kǒudài	주머니
课本 kèběn	교과서
金 Jīn	김[姓]
孩子 háizi	애, 어린이, (어린)아이, 아동
运动场 yùndòngchǎng	운동장
香港 Xiānggǎng	홍콩
邮局 yóujú	우체국

- 百货商店 bǎihuòshāngdiàn　　백화점
- 衣服 yīfu　　옷, 의복
- 衣柜 yīguì　　옷장, 장롱
- 电影院 diànyǐngyuàn　　영화관, 극장
- 汽水 qìshuǐ　　사이다
- 冰箱 bīngxiāng　　냉장고
- 钥匙 yàoshi　　열쇠
- 办公室 bàngōngshì　　사무실
- 沙发 shāfā　　소파
- 奶奶 nǎinai　　할머니
- 欧洲 Ōuzhōu　　유럽
- 王 Wáng　　왕[姓]
- 信用卡 xìnyòngkǎ　　신용카드
- 钱包 qiánbāo　　돈지갑, 돈 가방, 돈주머니
- 哥哥 gēge　　오빠, 형
- 班主任 bānzhǔrèn　　담임 교사, 학급 담임

존재문

존재동사 '在'가 술어의 주요 성분으로 쓰여 존재를 나타내는 문장

(1) 긍정형

➡ 기본 구조는 「주어 + 在 + 목적어」이다. 이때 목적어 자리에는 주로 장소를 나타내는 단어가 온다.

주어	在	목적어(장소)	~는 ~에 있다.
她 Tā	在 zài	中国 Zhōngguó	그녀는 중국에 있다.
姐姐 Jiějie	在 zài	学校 xuéxiào	언니(누나)는 학교에 있다.
老师 Lǎoshī	在 zài	图书馆 túshūguǎn	선생님은 도서관에 계신다.
他 Tā	在 zài	这儿 zhèr	그는 여기에 있다.
爸爸 Bàba	在 zài	办公室里 bàngōngshì li	아버지는 사무실에 계신다.
妈妈 Māma	在 zài	厨房里 chúfáng li	어머니는 부엌에 계신다.

확인학습 1

>>> 다음 문장을 중국어로 옮기시오.

1) 그녀는 중국에 있다.
   >>> _____

2) 언니(누나)는 학교에 있다.
   >>> _____

3) 선생님은 도서관에 계신다.
   >>> _____

4) 그는 여기에 있다.
   >>> _____

5) 아버지는 사무실에 계신다.
   >>> _____

6) 어머니는 부엌에 계신다.
   >>> _____

7) 우리 집은 제주도에 있다.
   >>> _____

8) 사전은 테이블 위에 있다.
   >>> _____

9) 왕선생님은 상해에 계신다.
   >>> _____

10) 사전은 책가방 안에 있다.
    >>> _____

(2) 부정형

➡ 존재동사 「在」 앞에 부정부사 「不」를 붙인다.

주어	不	在	목적어(장소)	~는 ~에 있지 않다. (~는 ~에 없다.)
她 Tā	不 bù	在 zài	中国 Zhōngguó	그녀는 중국에 있지 않다.
姐姐 Jiějie	不 bù	在 zài	学校 xuéxiào	언니(누나)는 학교에 있지 않다.
老师 Lǎoshī	不 bù	在 zài	图书馆 túshūguǎn	선생님은 도서관에 안 계신다.
他 Tā	不 bù	在 zài	这儿 zhèr	그는 여기에 없다.
爸爸 Bàba	不 bù	在 zài	办公室里 bàngōngshì li	아버지는 사무실에 안 계신다.
妈妈 Māma	不 bù	在 zài	厨房里 chúfáng li	어머니는 부엌에 안 계신다.

확인학습 2

>>> 다음 문장을 중국어로 옮기시오.

1) 그녀는 중국에 있지 않다.
   >>> _____

2) 언니(누나)는 학교에 있지 않다.
   >>> _____

3) 선생님은 도서관에 안 계신다.
   >>> _____

4) 그는 여기에 없다.
   >>> _____

5) 아버지는 사무실에 안 계신다.
   >>> _____

6) 어머니는 부엌에 안 계신다.
   >>> _____

7) 우리 집은 제주도에 있지 않다.
   >>> _____

8) 사전은 테이블 위에 있지 않다.
   >>> _____

9) 왕선생님은 상해에 안 계신다.
   >>> _____

10) 사전은 책가방 안에 없다.
    >>> _____

(3) 의문문

1) 시비의문문

➡ 평서문 끝에 어기조사 「吗」를 붙인다.

주어	在	목적어(장소)	吗	~는 ~에 있습니까?
她 Tā	在 zài	中国 Zhōngguó	吗 ma	그녀는 중국에 있습니까?
姐姐 Jiějie	在 zài	学校 xuéxiào	吗 ma	언니(누나)는 학교에 있습니까?
老师 Lǎoshī	在 zài	图书馆 túshūguǎn	吗 ma	선생님은 도서관에 계십니까?
他 Tā	在 zài	这儿 zhèr	吗 ma	그는 여기에 있습니까?
爸爸 Bàba	在 zài	办公室(里) bàngōngshì(li)	吗 ma	아버지는 사무실에 계십니까?
妈妈 Māma	在 zài	厨房(里) chúfáng(li)	吗 ma	어머니는 부엌에 계십니까?

확인학습 3

>>> 다음 문장을 중국어로 옮기시오.

1) 그녀는 중국에 있습니까?

>>> _____

2) 언니(누나)는 학교에 있습니까?

>>> _____

3) 선생님은 도서관에 계십니까?

>>> _____

4) 그는 여기에 있습니까?

>>> _____

5) 아버지는 사무실에 계십니까?

>>> _____

6) 어머니는 부엌에 계십니까?

>>> _____

7) 당신 집은 제주도에 있습니까?

>>> _____

8) 사전은 테이블 위에 있습니까?

>>> _____

9) 왕선생님은 상해에 계십니까?

>>> _____

10) 사전은 책가방 안에 있습니까?

>>> _____

2) 정반의문문

➡ 존재동사「在」의 긍정형과 부정형을 나란히 쓴다. 이때 어기조사「吗」는 붙이지 않는다.

주어	긍정 在	부정 不在	목적어(장소)	~는 ~에 있습니까 (없습니까)?
她 Tā	在 zài	不在 bù zài	中国 Zhōngguó	그녀는 중국에 있습니까 (없습니까)?
姐姐 Jiějie	在 zài	不在 bù zài	学校 xuéxiào	언니(누나)는 학교에 있습니까 (없습니까)?
老师 Lǎoshī	在 zài	不在 bù zài	图书馆 túshūguǎn	선생님은 도서관에 계십니까 (안 계십니까)?
他 Tā	在 zài	不在 bù zài	这儿 zhèr	그는 여기에 있습니까 (없습니까)?
爸爸 Bàba	在 zài	不在 bù zài	办公室(里) bàngōngshì(li)	아버지는 사무실에 계십니까 (안 계십니까)?
妈妈 Māma	在 zài	不在 bù zài	厨房(里) chúfáng(li)	어머니는 부엌에 계십니까 (안 계십니까)?

확인학습 4

>>> 다음 문장을 중국어로 옮기시오.

1) 그녀는 중국에 있습니까 (없습니까)?

   >>> _____

2) 언니(누나)는 학교에 있습니까 (없습니까)?

   >>> _____

3) 선생님은 도서관에 계십니까 (안 계십니까)?

   >>> _____

4) 그는 여기에 있습니까 (없습니까)

   >>> _____

5) 아버지는 사무실에 계십니까 (안 계십니까)?

   >>> _____

6) 어머니는 부엌에 계십니까 (안 계십니까)?

   >>> _____

7) 당신 집은 제주도에 있습니까 (없습니까)?

   >>> _____

8) 그녀의 책은 테이블 위에 있습니까 (없습니까)?

   >>> _____

9) 왕선생님은 상해에 계십니까 (안 계십니까)?

   >>> _____

10) 사전은 책가방 안에 있습니까 (없습니까)?

    >>> _____

3) 특지의문문

➡ 의문대명사「谁, 哪儿」등을 사용한다. 이때 어기조사「吗」는 붙이지 않는다.

주어 (의문사)	在	목적어 (의문사)	누가 ~에 있습니까? (~는 어디에 있습니까?)
谁 Shéi	在 zài	中国 Zhōngguó	누가 중국에 있습니까?
谁 Shéi	在 zài	学校 xuéxiào	누가 학교에 있습니까?
谁 Shéi	在 zài	图书馆 túshūguǎn	누가 도서관에 있습니까?
他 Tā	在 zài	哪儿(哪里) nǎr(nǎli)	그는 어디에 있습니까?
爸爸 Bàba	在 zài	哪儿(哪里) nǎr(nǎli)	아버지는 어디에 계십니까?
妈妈 Māma	在 zài	哪儿(哪里) nǎr(nǎli)	어머니는 어디에 계십니까?

확인학습 5

>>> 다음 문장을 중국어로 옮기시오.

1) 누가 중국에 있습니까?
   >>> _____

2) 누가 학교에 있습니까?
   >>> _____

3) 누가 도서관에 있습니까?
   >>> _____

4) 그는 어디에 있습니까?
   >>> _____

5) 아버지는 어디에 계십니까?
   >>> _____

6) 어머니는 어디에 계십니까?
   >>> _____

7) 당신 집은 어디에 있습니까?
   >>> _____

8) 그녀의 책은 어디에 있습니까?
   >>> _____

9) 왕선생님은 어디에 계십니까?
   >>> _____

10) 사전은 어디에 있습니까?
    >>> _____

4) 선택의문문

 접속사 「还是」를 사용한다. 이때 어기조사 「吗」는 붙이지 않는다.

주어	在	A	还是	在	B	~는 A에 있나요 아니면 B에 있나요?
她 Tā	在 zài	中国 Zhōngguó	还是 háishi	在 zài	日本 Rìběn	그녀는 중국에 있나요 아니면 일본에 있나요?
姐姐 Jiějie	在 zài	学校 xuéxiào	还是 háishi	在 zài	家(里) jiā(li)	언니(누나)는 학교에 있나요 아니면 집에 있나요?
老师 Lǎoshī	在 zài	图书馆 túshūguǎn	还是 háishi	在 zài	教室(里) jiàoshì(li)	선생님은 도서관에 계시나요 아니면 교실에 계시나요?
他 Tā	在 zài	这儿 zhèr	还是 háishi	在 zài	那儿 nàr	그는 여기에 있나요 아니면 거기에 있나요?
爸爸 Bàba	在 zài	办公室(里) bàngōngshì(li)	还是 háishi	在 zài	食堂(里) shítáng(li)	아버지는 사무실에 계시나요 아니면 식당에 계시나요?
妈妈 Māma	在 zài	厨房(里) chúfáng(li)	还是 háishi	在 zài	房间(里) fángjiān(li)	어머니는 부엌에 계시나요 아니면 방에 계시나요?

확인학습 6

>>> 다음 문장을 중국어로 옮기시오.

1) 그녀는 중국에 있나요 아니면 일본에 있나요?
   >>> _____

2) 언니(누나)는 학교에 있나요 아니면 집에 있나요?
   >>> _____

3) 선생님은 도서관에 계시나요 아니면 교실에 계시나요?
   >>> _____

4) 그는 여기에 있나요 아니면 거기에 있나요?
   >>> _____

5) 아버지는 사무실에 계시나요 아니면 식당에 계시나요?
   >>> _____

6) 어머니는 부엌에 계시나요 아니면 방에 계시나요?
   >>> _____

7) 당신 집은 제주도에 있나요 아니면 서울에 있나요?
   >>> _____

8) 그녀의 책은 테이블 위에 있나요 의자 위에 있나요?
   >>> _____

9) 왕선생님은 상해에 계시나요 아니면 남경에 계시나요?
   >>> _____

10) 사전은 책가방 안에 있나요 아니면 서랍 안에 있나요?
    >>> _____

제3과 존재문

 **연습문제**

1. 다음 문장을 해석하시오.

   1) 她在中国。

   >> _____

   2) 姐姐在学校。

   >> _____

   3) 老师在图书馆。

   >> _____

   4) 他在这儿。

   >> _____

   5) 爸爸在办公室(里)。

   >> _____

   6) 妈妈在厨房(里)。

   >> _____

   7) 她不在中国。

   >> _____

   8) 姐姐不在学校。

   >> _____

   9) 老师不在图书馆。

   >> _____

10) 他不在这儿。

　　»　_____

11) 爸爸不在办公室(里)。

　　»　_____

12) 妈妈不在厨房(里)。

　　»　_____

13) 她在中国吗?

　　»　_____

14) 姐姐在学校吗?

　　»　_____

15) 老师在图书馆吗?

　　»　_____

16) 他在这儿吗?

　　»　_____

17) 爸爸在办公室(里)吗?

　　»　_____

18) 妈妈在厨房(里)吗?

　　»　_____

19) 她在不在中国?

　　»　_____

20) 姐姐在不在学校?

　　»　_____

21) 老师在不在图书馆?

　　»　_____

22) 他在不在这儿?

　　≫ _____

23) 爸爸在不在办公室(里)?

　　≫ _____

24) 妈妈在不在厨房(里)?

　　≫ _____

25) 谁在中国?

　　≫ _____

26) 谁在学校?

　　≫ _____

27) 谁在图书馆?

　　≫ _____

28) 他在哪儿?

　　≫ _____

29) 爸爸在哪儿?

　　≫ _____

30) 妈妈在哪儿?

　　≫ _____

31) 她在中国还是在日本?

　　≫ _____

32) 姐姐在学校还是在家(里)?

　　≫ _____

33) 老师在图书馆还是在教室(里)?

　　≫ _____

34) 他在这儿还是在那儿?

》 _____

35) 爸爸在办公室(里)还是在食堂(里)?

》 _____

36) 妈妈在厨房(里)还是在房间(里)?

》 _____

2. 다음 문장을 부정문으로 바꾸시오.

1) 她在中国。

》 _____

2) 姐姐在学校。

》 _____

3) 老师在图书馆。

》 _____

4) 他在这儿。

》 _____

5) 爸爸在办公室(里)。

》 _____

6) 妈妈在厨房(里)。

》 _____

7) 我家在济州岛。

》 _____

8) 词典在桌子上。

》 _____

9) 王老师在上海。

   》 _____

10) 词典在书包里。

   》 _____

3. 다음 문장을 긍정문으로 바꾸시오.

1) 她不在中国。

   》 _____

2) 姐姐不在学校。

   》 _____

3) 老师不在图书馆。

   》 _____

4) 他不在这儿。

   》 _____

5) 爸爸不在办公室(里)。

   》 _____

6) 妈妈不在厨房(里)。

   》 _____

7) 我家不在济州岛。

   》 _____

8) 词典不在桌子上。

   》 _____

9) 王老师不在上海。

   》 _____

10) 词典不在书包里。

    》 _____

4. 다음 문장을 의문문으로 바꾸시오.

    1) 她在中国。(시비의문문)

       》 _____

    2) 姐姐在学校。(정반의문문)

       》 _____

    3) 老师在图书馆。(특지의문문)

       》 _____

    4) 他在这儿。(선택의문문)

       》 _____

    5) 爸爸在办公室里。(시비의문문)

       》 _____

    6) 妈妈在厨房里。(정반의문문)

       》 _____

    7) 我家在济州岛。(특지의문문)

       》 _____

    8) 词典在桌子上。(시비의문문)

       》 _____

    9) 王老师在上海。(정반의문문)

       》 _____

    10) 词典在书包里。(특지의문문)

        》 _____

5. 괄호 안의 단어를 선택하여 아래 문장을 중국어로 옮기시오.

1) 아버지는 북경에 안 계십니다.
   (不 / 爸爸 / 在 / 北京)
   ≫ _____

2) 신용카드는 서랍 안에 있습니다.
   (抽屉里 / 信用卡 / 在)
   ≫ _____

3) 지갑은 주머니에 있다.
   (钱包 / 口袋里 / 在)
   ≫ _____

4) 선생님은 교실에 계시지 않는다.
   (不 / 教室里 / 老师 / 在)
   ≫ _____

5) 교과서는 탁자 위에 있다.
   (桌子上 / 在 / 课本)
   ≫ _____

6) 당신 오빠는(형은) 어디에 계십니까?
   (哪儿 / 在 / 你哥哥)
   ≫ _____

7) 담임선생님은 사무실에 없다.
   (班主任 / 不在 / 家 / 办公室里)
   ≫ _____

8) 그의 사전은 어디에 있습니까?
   (在 / 他的词典 / 哪儿)
   ≫ _____

9) 그녀의 집은 어디에 있습니까?

(她家 / 哪儿 / 在)

≫ _____

10) 김선생님은 사무실에 계십니다.

(办公室里 / 金老师 / 在)

≫ _____

6. 다음을 중국어로 옮기시오.

1) 그녀의 집은 서울에 있습니다.

≫ _____

2) 그는 식당에 있습니까?

≫ _____

3) 아이들은 운동장에 있습니까?

≫ _____

4) 그는 사무실에 없습니다.

≫ _____

5) 그는 홍콩에 있다.

≫ _____

6) 우체국은 어디에 있습니까?

≫ _____

7) 언니(누나)는 백화점에 있다.

≫ _____

8) 그녀의 옷은 옷장 안에 있다.

≫ _____

9) 극장은 어디에 있습니까?

>> _____

10) 사이다는 냉장고 안에 있다.

>> _____

7. 다음 중 어순에 맞는 문장을 고르시오.

1) ① 老师在家吗?　　　② 老师吗在家?
   ③ 在老师吗家?　　　④ 老师家在吗?

2) ① 钥匙我的在哪儿?　② 我的钥匙在哪儿?
   ③ 哪儿我的钥匙在?　④ 在我的钥匙哪儿?

3) ① 不在他办公室。　　② 他不在办公室。
   ③ 办公室他不在。　　④ 不他在办公室。

4) ① 在书沙发上。　　　② 沙发上书在。
   ③ 书在沙发上。　　　④ 书沙发上在。

5) ① 欧洲奶奶在。　　　② 在奶奶欧洲。
   ③ 奶奶在欧洲。　　　④ 欧洲在奶奶。

6) ① 在不在首尔弟弟?　② 弟弟在不在首尔?
   ③ 在不在弟弟首尔?　④ 不在首尔弟弟在?

MEMO

제4과

동사술어문

단어

我 wǒ	나
他 tā	그
她 tā	그녀
老师 lǎoshī	선생님
姐姐 jiějie	언니, 누나
妹妹 mèimei	여동생
哥哥 gēge	오빠, 형
朋友 péngyou	친구
弟弟 dìdi	아우, 남동생
学习 xuéxí	배우다
看 kàn	보다
听 tīng	듣다
去 qù	가다
吃 chī	먹다
写 xiě	쓰다
喝 hē	마시다
来 lái	오다
买 mǎi	사다, 매입하다, 구매하다
卖 mài	팔다, 판매하다
汉语 hànyǔ	중국어

☐	书 shū	책
☐	音乐 yīnyuè	음악
☐	中国 Zhōngguó	중국
☐	饭 fàn	밥
☐	汉字 hànzì	한자
☐	茶 chá	차
☐	韩国 Hánguó	대한민국, 한국
☐	牛奶 niúnǎi	우유
☐	水果 shuǐguǒ	과일
☐	不 bù	(동사·형용사 또는 기타 부사 앞에서) 부정(**否定**)을 나타냄
☐	吗 ma	문장 끝에 쓰여 의문의 어기를 나타냄
☐	谁 shéi	누구, 누가
☐	什么 shénme	무엇, 무슨
☐	哪儿 nǎr	어디, 어느 곳
☐	还是 háishi	또는, 아니면
☐	英语 yīngyǔ	영어
☐	连续剧 liánxùjù	텔레비전 연속극[드라마]
☐	录音 lùyīn	기록된 소리, 녹음(하다)
☐	日本 Rìběn	일본
☐	面包 miànbāo	빵
☐	韩文 hánwén	한글
☐	酒 jiǔ	술
☐	水 shuǐ	물

菜 cài	채소, 야채, 반찬, 요리
日语 Rìyǔ	일본어
电影 diànyǐng	영화
画儿 huàr	그림
画 huà	그리다
钢琴 gāngqín	피아노
咖啡 kāfēi	커피
学校 xuéxiào	학교
京剧 jīngjù	경극
书店 shūdiàn	서점, 책방
衣服 yīfu	옷
百货商店 bǎihuòshāngdiàn	백화점
电视 diànshì	텔레비전
鞋子 xiézi	신발, 구두
绿茶 lǜchá	녹차
喜欢 xǐhuan	좋아하다, 호감을 가지다, 흥미를 느끼다, 마음에 들다
红茶 hóngchá	홍차
杂志 zázhì	잡지
西班牙语 Xībānyáyǔ	스페인어
西瓜 xīguā	수박
面条 miàntiáo	면, 국수
小说 xiǎoshuō	소설(책)
美国 Měiguó	미국
词典 cídiǎn	사전

제4과 동사술어문

> **동사술어문**
> 일반동사가 술어의 주요 성분으로 쓰여
> 동작이나 행위를 나타내는 문장

(1) 긍정형

1) 목적어가 없는 경우

➡ 기본 구조는 「주어 + 동사」이다.

주어	동사	~는 ~한다.
我 Wǒ	学习 xuéxí	나는 배운다.
他 Tā	看 kàn	그는 본다.
她 Tā	听 tīng	그녀는 듣는다.
老师 Lǎoshī	去 qù	선생님은 가신다.
姐姐 Jiějie	吃 chī	언니(누나)는 먹는다.
妹妹 Mèimei	写 xiě	여동생은 쓴다.

확인학습 1

>>> 다음 문장을 중국어로 옮기시오.

1) 나는 배운다.

   >>> _____

2) 그는 본다.

   >>> _____

3) 그녀는 듣는다.

   >>> _____

4) 선생님은 가신다.

   >>> _____

5) 언니(누나)는 먹는다.

   >>> _____

6) 여동생은 쓴다.

   >>> _____

7) 오빠는(형은) 마신다.

   >>> _____

8) 친구가 온다.

   >>> _____

9) 남동생은 산다.

   >>> _____

10) 그는 판다.

    >>> _____

제4과 동사술어문

2) 목적어가 있는 경우

➡ 기본 구조는 「주어 + 동사 + 목적어」이다.

주어	동사	목적어	~는 ~을 한다.
我 Wǒ	学习 xuéxí	汉语 hànyǔ	나는 중국어를 배운다.
他 Tā	看 kàn	书 shū	그는 책을 본다.
她 Tā	听 tīng	音乐 yīnyuè	그녀는 음악을 듣는다.
老师 Lǎoshī	去 qù	中国 Zhōngguó	선생님은 중국에 가신다.
姐姐 Jiějie	吃 chī	饭 fàn	언니(누나)는 밥을 먹는다.
妹妹 Mèimei	写 xiě	汉字 hànzì	여동생은 한자를 쓴다.

확인학습 1

>>> 다음 문장을 중국어로 옮기시오.

1) 나는 중국어를 배운다.
   >>> _____

2) 그는 책을 본다.
   >>> _____

3) 그녀는 음악을 듣는다.
   >>> _____

4) 선생님은 중국에 가신다.
   >>> _____

5) 언니(누나)는 밥을 먹는다.
   >>> _____

6) 여동생은 한자를 쓴다.
   >>> _____

7) 오빠는(형은) 차를 마신다.
   >>> _____

8) 친구가 한국에 온다.
   >>> _____

9) 남동생은 우유를 산다.
   >>> _____

10) 그는 과일을 판다.
    >>> _____

(2) 부정형

▶ 동사 앞에 부정부사 「不」를 붙인다.

주어	不	동사	목적어	~는 ~을 안 한다.
我 Wǒ	不 bù	学习 xuéxí	汉语 hànyǔ	나는 중국어를 안 배운다.
他 Tā	不 bù	看 kàn	书 shū	그는 책을 안 본다.
她 Tā	不 bù	听 tīng	音乐 yīnyuè	그녀는 음악을 안 듣는다.
老师 Lǎoshī	不 bù	去 qù	中国 Zhōngguó	선생님은 중국에 안 가신다.
姐姐 Jiějie	不 bù	吃 chī	饭 fàn	언니(누나)는 밥을 안 먹는다.
妹妹 Mèimei	不 bù	写 xiě	汉字 hànzì	여동생은 한자를 안 쓴다.

 확인학습 2

>>> 다음 문장을 중국어로 옮기시오.

1) 나는 중국어를 안 배운다.
   >>> _____

2) 그는 책을 안 본다.
   >>> _____

3) 그녀는 음악을 안 듣는다.
   >>> _____

4) 선생님은 중국에 안 가신다.
   >>> _____

5) 언니(누나)는 밥을 안 먹는다.
   >>> _____

6) 여동생은 한자를 안 쓴다.
   >>> _____

7) 오빠는(형은) 차를 안 마신다.
   >>> _____

8) 친구가 한국에 안 온다.
   >>> _____

9) 남동생은 우유를 안 산다.
   >>> _____

10) 그는 과일을 안 판다.
    >>> _____

(3) 의문문

1) 시비의문문

➡ 평서문 끝에 어기조사 「吗」를 붙인다.

주어	동사	목적어	吗	~는 ~을 합니까?
你 Nǐ	学习 xuéxí	汉语 hànyǔ	吗 ma	당신은 중국어를 배웁니까?
他 Tā	看 kàn	书 shū	吗 ma	그는 책을 봅니까?
她 Tā	听 tīng	音乐 yīnyuè	吗 ma	그녀는 음악을 듣나요?
老师 Lǎoshī	去 qù	中国 Zhōngguó	吗 ma	선생님은 중국에 가십니까?
姐姐 Jiějie	吃 chī	饭 fàn	吗 ma	언니(누나)는 밥을 먹나요?
妹妹 Mèimei	写 xiě	汉字 hànzì	吗 ma	여동생은 한자를 씁니까?

확인학습 3

>>> 다음 문장을 중국어로 옮기시오.

1) 당신은 중국어를 배웁니까?
   >>> _____

2) 그는 책을 봅니까?
   >>> _____

3) 그녀는 음악을 듣나요?
   >>> _____

4) 선생님은 중국에 가십니까?
   >>> _____

5) 언니(누나)는 밥을 먹나요?
   >>> _____

6) 여동생은 한자를 씁니까?
   >>> _____

7) 오빠는(형은) 차를 마십니까?
   >>> _____

8) 친구가 한국에 옵니까?
   >>> _____

9) 남동생은 우유를 삽니까?
   >>> _____

10) 그는 과일을 팝니까?
    >>> _____

2) 정반의문문

➡ 동사의 긍정형과 부정형을 나란히 쓴다. 이때 어기조사 「吗」는 붙이지 않는다.

주어	긍정 동사	부정 不동사	목적어	~는 ~을 합니까 (안 합니까)?
你 Nǐ	学习 xuéxí	不学习 bù xuéxí	汉语 hànyǔ	당신은 중국어를 배웁니까 (안 배웁니까)?
他 Tā	看 kàn	不看 bù kàn	书 shū	그는 책을 봅니까 (안 봅니까)?
她 Tā	听 tīng	不听 bù tīng	音乐 yīnyuè	그녀는 음악을 듣나요 (안 듣나요)?
老师 Lǎoshī	去 qù	不去 bù qù	中国 Zhōngguó	선생님은 중국에 가십니까 (안 가십니까)?
姐姐 Jiějie	吃 chī	不吃 bù chī	饭 fàn	언니(누나)는 밥을 먹나요 (안 먹나요)?
妹妹 Mèimei	写 xiě	不写 bù xiě	汉字 hànzì	여동생은 한자를 씁니까 (안 씁니까)?

확인학습 4

>>> 다음 문장을 중국어로 옮기시오.

1) 당신은 중국어를 배웁니까 (안 배웁니까)?
   >>> _____

2) 그는 책을 봅니까 (안 봅니까)?
   >>> _____

3) 그녀는 음악을 듣나요 (안 듣나요)?
   >>> _____

4) 선생님은 중국에 가십니까 (안 가십니까)?
   >>> _____

5) 언니(누나)는 밥을 먹나요 (안 먹나요)?
   >>> _____

6) 여동생은 한자를 씁니까 (안 씁니까)?
   >>> _____

7) 오빠는(형은) 차를 마십니까 (안 마십니까)?
   >>> _____

8) 친구가 한국에 옵니까 (안 옵니까)?
   >>> _____

9) 남동생은 우유를 삽니까 (안 삽니까)?
   >>> _____

10) 그는 과일을 팝니까 (안 팝니까)?
    >>> _____

3) 특지의문문

➡ 의문대명사「谁, 哪儿(哪里), 什么」등을 사용한다. 이때 어기조사「吗」는 붙이지 않는다.

주어 (의문사)	동사	목적어 (의문사)	누가 ~을 합니까? (~는 무엇을 합니까?)
谁 Shéi	学习 xuéxí	汉语 hànyǔ	누가 중국어를 배웁니까?
谁 Shéi	看 kàn	书 shū	누가 책을 봅니까?
谁 Shéi	听 tīng	音乐 yīnyuè	그녀는 무엇을 듣나요?
老师 Lǎoshī	去 qù	哪儿(哪里) nǎr(nǎli)	선생님은 어디를 가십니까?
姐姐 Jiějie	吃 chī	什么 shénme	언니(누나)는 무엇을 먹나요?
妹妹 Mèimei	写 xiě	什么 shénme	여동생은 무엇을 씁니까?

확인학습 5

》》》 다음 문장을 중국어로 옮기시오.

1) 누가 중국어를 배웁니까?

   》》》 _____

2) 누가 책을 봅니까?

   》》》 _____

3) 그녀는 무엇을 듣나요?

   》》》 _____

4) 선생님은 어디를 가십니까?

   》》》 _____

5) 언니(누나)는 무엇을 먹나요?

   》》》 _____

6) 여동생은 무엇을 씁니까?

   》》》 _____

7) 오빠는(형은) 무엇을 마십니까?

   》》》 _____

8) 누가 한국에 옵니까?

   》》》 _____

9) 남동생은 무엇을 삽니까?

   》》》 _____

10) 그는 무엇을 팝니까?

   》》》 _____

제4과 동사술어문

4) 선택의문문

➡ 접속사 「还是」를 사용한다. 이때 어기조사 「吗」는 붙이지 않는다.

주어	동사	목적어 (A)	还是	동사	목적어 (B)	~는 A를 합니까 아니면 B를 합니까?
你 Nǐ	学习 xuéxí	汉语 hànyǔ	还是 háishi	学习 xuéxí	英语 yīngyǔ	당신은 중국어를 배웁니까 아니면 영어를 배웁니까?
他 Tā	看 kàn	书 shū	还是 háishi	看 kàn	连续剧 liánxùjù	그는 책을 봅니까 아니면 드라마를 봅니까?
她 Tā	听 tīng	音乐 yīnyuè	还是 háishi	听 tīng	录音 lùyīn	그녀는 음악을 듣나요 아니면 녹음을 듣나요?
老师 Lǎoshī	去 qù	中国 Zhōngguó	还是 háishi	去 qù	日本 Rìběn	선생님은 중국에 가십니까 아니면 일본에 가십니까?
姐姐 Jiějie	吃 chī	饭 fàn	还是 háishi	吃 chī	面包 miànbāo	언니(누나)는 밥을 먹나요 아니면 빵을 먹나요?
妹妹 Mèimei	写 xiě	汉字 hànzì	还是 háishi	写 xiě	韩文 hánwén	여동생은 한자를 씁니까 아니면 한글을 씁니까?

확인학습 6

>>> 다음 문장을 중국어로 옮기시오.

1) 당신은 중국어를 배웁니까 아니면 영어를 배웁니까?
   >>> _____

2) 그는 책을 봅니까 아니면 드라마를 봅니까?
   >>> _____

3) 그녀는 음악을 듣나요 아니면 녹음을 듣나요?
   >>> _____

4) 선생님은 중국에 가십니까 아니면 일본에 가십니까?
   >>> _____

5) 언니(누나)는 밥을 먹나요 아니면 빵을 먹나요?
   >>> _____

6) 여동생은 한자를 씁니까 아니면 한글을 씁니까?
   >>> _____

7) 오빠는(형은) 차를 마십니까 아니면 술을 마십니까?
   >>> _____

8) 친구는 한국에 옵니까 아니면 일본에 옵니까?
   >>> _____

9) 남동생은 우유를 삽니까 아니면 물을 삽니까?
   >>> _____

10) 그는 과일을 팝니까 아니면 야채를 팝니까?
    >>> _____

제4과 동사술어문

 **연습문제**

1. 다음 문장을 해석하시오.

   1) 我学习汉语。

      》 _____

   2) 他看书。

      》 _____

   3) 她听音乐。

      》 _____

   4) 老师去中国。

      》 _____

   5) 姐姐吃饭。

      》 _____

   6) 妹妹写汉字。

      》 _____

   7) 我不学习汉语。

      》 _____

   8) 他不看书。

      》 _____

   9) 她不听音乐。

      》 _____

10) 老师不去中国。

    》 _____

11) 姐姐不吃饭。

    》 _____

12) 妹妹不写汉字。

    》 _____

13) 你学习汉语吗?

    》 _____

14) 他看书吗?

    》 _____

15) 她听音乐吗?

    》 _____

16) 老师去中国吗?

    》 _____

17) 姐姐吃饭吗?

    》 _____

18) 妹妹写汉字吗?

    》 _____

19) 你学习不学习汉语?

    》 _____

20) 他看不看书?

    》 _____

21) 她听不听音乐?

    》 _____

22) 老师去不去中国?
    ≫ _____

23) 姐姐吃不吃饭?
    ≫ _____

24) 妹妹写不写汉字?
    ≫ _____

25) 谁学习汉语?
    ≫ _____

26) 谁看书?
    ≫ _____

27) 谁听音乐?
    ≫ _____

28) 老师去哪儿?
    ≫ _____

29) 姐姐吃什么?
    ≫ _____

30) 妹妹写什么?
    ≫ _____

31) 你学习汉语还是学习英语?
    ≫ _____

32) 他看书还是看连续剧?
    ≫ _____

33) 她听音乐还是听录音?
    ≫ _____

34) 老师去中国还是去日本?

》 _____

35) 姐姐吃饭还是吃面包?

》 _____

36) 妹妹写汉字还是写韩文?

》 _____

2. 다음 문장을 부정문으로 바꾸시오.

1) 我学习汉语。

》 _____

2) 他看书。

》 _____

3) 她听音乐。

》 _____

4) 老师去中国。

》 _____

5) 姐姐吃饭。

》 _____

6) 妹妹写汉字。

》 _____

7) 哥哥喝茶。

》 _____

8) 朋友来韩国。

》 _____

9) 弟弟买牛奶。

   ≫ _____

10) 他卖水果。

    ≫ _____

3. 다음 문장을 긍정문으로 바꾸시오.

1) 我不学习汉语。

   ≫ _____

2) 他不看书。

   ≫ _____

3) 她不听音乐。

   ≫ _____

4) 老师不去中国。

   ≫ _____

5) 姐姐不吃饭。

   ≫ _____

6) 妹妹不写汉字。

   ≫ _____

7) 哥哥不喝茶。

   ≫ _____

8) 朋友不来韩国。

   ≫ _____

9) 弟弟不买牛奶。

   ≫ _____

10) 他不卖水果。

　　》 _____

4. 다음 문장을 의문문으로 바꾸시오.

1) 我学习汉语。(시비의문문)

　　》 _____

2) 他看书。(정반의문문)

　　》 _____

3) 她听音乐。(특지의문문)

　　》 _____

4) 老师去中国。(선택의문문)

　　》 _____

5) 姐姐吃饭。(시비의문문)

　　》 _____

6) 妹妹写汉字。(시비의문문)

　　》 _____

7) 哥哥喝茶。(정반의문문)

　　》 _____

8) 朋友来韩国。(선택의문문)

　　》 _____

9) 弟弟买牛奶。(시비의문문)

　　》 _____

10) 他卖水果。(정반의문문)

　　》 _____

5. 괄호 안의 단어를 선택하여 아래 문장을 중국어로 옮기시오.

1) 그녀는 일본어를 배운다.
   (日语 / 她 / 学习)
   » _____

2) 언니(누나)는 영화를 본다.
   (看 / 姐姐 / 电影)
   » _____

3) 그는 그림을 그린다.
   (画儿 / 画 / 他)
   » _____

4) 나는 한자를 쓴다.
   (汉字 / 写 / 我)
   » _____

5) 그는 피아노를 배운다.
   (钢琴 / 他 / 学习)
   » _____

6) 오빠는(형은) 커피를 안 마신다.
   (咖啡 / 喝 / 不 / 哥哥)
   » _____

7) 그녀는 학교에 안 간다.
   (去 / 不 / 她 / 学校)
   » _____

8) 언니(누나)는 술을 안 마신다.
   (酒 / 不 / 姐姐 / 喝)
   » _____

9) 남동생은 경극을 안 본다.

   (看 / 京剧 / 不 / 弟弟)

   ≫ _____

10) 그는 서점에 간다.

    (书店 / 他 / 去)

    ≫ _____

6. 다음을 중국어로 옮기시오.

1) 그는 중국어를 배웁니까?

   ≫ _____

2) 오빠는(형은) 옷을 삽니까?

   ≫ _____

3) 그녀는 백화점에 간다.

   ≫ _____

4) 오빠는(형은) 텔레비전을 본다.

   ≫ _____

5) 그는 신발을 안 산다.

   ≫ _____

6) 아버지는 녹차를 안 드십니까?

   ≫ _____

7) 그는 너를 좋아한다.

   ≫ _____

8) 언니(누나)는 홍차를 마신다.

   ≫ _____

9) 남동생은 잡지를 본다.
   »_____

10) 그는 스페인어를 배운다.
   »_____

7. 다음 중 어순에 맞는 문장을 고르시오.

1) ① 你喝不喝咖啡? ② 喝你不喝咖啡?
   ③ 你咖啡喝不喝? ④ 喝不喝你咖啡?

2) ① 他吃西瓜吗? ② 他西瓜吗吃?
   ③ 吃他西瓜吗? ④ 吗他吃西瓜?

3) ① 还是你吃饭吃面条? ② 你还是吃面条吃饭?
   ③ 你吃饭还是吃面条? ④ 还是吃饭你吃面条?

4) ① 喜欢她看电影吗? ② 看她喜欢电影吗?
   ③ 她喜欢看电影吗? ④ 喜欢看她电影吗?

5) ① 去老师不去美国? ② 老师去不去美国?
   ③ 老师美国去不去? ④ 不去老师去美国?

6) ① 买词典弟弟还是买小说? ② 买小说弟弟买词典还是?
   ③ 弟弟买词典还是买小说? ④ 买词典还是买小说弟弟?

MEMO

제5과

형용사술어문

단어

- 我 wǒ — 나
- 他 tā — 그
- 她 tā — 그녀
- 哥哥 gēge — 오빠, 형
- 这 zhè — 이
- 个 ge — 개[사람이나 사물의 수를 세는 단위]
- 这个 zhè ge — 이것
- 天气 tiānqì — 날씨
- 很 hěn — 매우
- 累 lèi — 피곤하다
- 忙 máng — 바쁘다
- 胖 pàng — 뚱뚱하다
- 高 gāo — (키가) 크다, 높다
- 贵 guì — 비싸다
- 热 rè — 덥다
- 漂亮 piàoliang — 예쁘다
- 健康 jiànkāng — 건강(하다)
- 书 shū — 책
- 多 duō — 많다
- 地图 dìtú — 지도

□	大 dà	(부피·면적 등이) 크다, 넓다, (나이가) 많다
□	不 bù	(동사·형용사 또는 기타 부사 앞에서) 부정(否定)을 나타냄
□	吗 ma	문장 끝에 쓰여 의문의 어기를 나타냄
□	谁 shéi	누구, 누가
□	哪个 nǎ ge	어느 것
□	哪儿 nǎr	어디
□	怎么样 zěnmeyàng	어때, 어떻습니까
□	爸爸 bàba	아빠, 아버지
□	妈妈 māma	엄마, 어머니
□	弟弟 dìdi	아우, 남동생
□	姐姐 jiějie	언니, 누나
□	重 zhòng	무겁다
□	冷 lěng	춥다
□	好 hǎo	좋다
□	今天 jīntiān	오늘
□	还是 háishi	아니면, 또는
□	那个 nà ge	그것, 저것
□	你的 nǐ de	당신(의) 것
□	韩国 Hánguó	한국
□	中国 Zhōngguó	중국
□	菜 cài	채소, 야채, 반찬, 음식, 요리
□	衣服 yīfu	옷, 의복
□	便宜 piányi	(값이) 싸다, 헐하다

- 图书馆 túshūguǎn   도서관
- 书店 shūdiàn   서점, 책방
- 近 jìn   (공간적·시간적 거리가) 가깝다, 짧다
- 男朋友 nánpéngyou   남자 친구, (여성의) 남자 애인
- 男学生 nánxuésheng   남학생
- 女学生 nǚxuésheng   여학생
- 价钱 jiàqián   가격
- 太 tài   지나치게, 몹시, 너무
- 不太 bùtài   그다지 …지 않다, 별로
- 好 hǎo   좋다, 아름답다, 훌륭하다, 만족하다
- 四川菜 Sìchuāncài   사천요리
- 辣 là   맵다
- 汉语 Hànyǔ   중국어, 한어
- 容易 róngyì   쉽다, 용이하다
- 好吃 hǎochī   맛있다, 맛나다
- 考试 kǎoshì   시험(을 치다), 고사(를 치다)
- 难 nán   어렵다
- 暖和 nuǎnhuo   따뜻하다, 따사롭다
- 东西 dōngxi   (구체적인 혹은 추상적인) 것, 물건, 사물, 물품
- 钱 qián   화폐, 재물, 돈
- 好看 hǎokàn   아름답다, 근사하다, 보기 좋다
- 爷爷 yéye   할아버지, 조부
- 首尔 Shǒu'ěr   서울
- 高兴 gāoxìng   기쁘다, 즐겁다, 좋아하다

英文 yīngwén	영문
情况 qíngkuàng	상황, 정황, 형편, 사정
身体 shēntǐ	몸, 신체, 건강
件 jiàn	(총체 중에서 하나하나 셀 수 있는) 일·사건·개체 등의 수량 단위 건, 개[일부 하나하나로 셀 수 있는 물건을 세는 단위]
些 xiē	조금, 약간, 몇[명사 앞에 쓰여 확정적이지 않은 적은 수량을 나타냄]
花 huā	꽃
汉字 Hànzì	한자
学校 xuéxiào	학교
银行 yínháng	은행
家 jiā	집·점포·공장 등을 세는 단위

형용사술어문

형용사가 술어의 주요 성분이 되는 문장

(1) 긍정형

➡ 기본 구조는 「주어 + 很 + 형용사」이다. 일반적으로 형용사 앞에 부사 「很」을 붙인다. 이때 「很」은 가볍게 발음한다.

주어	很	형용사	~는 ~하다.
我 Wǒ	很 hěn	累 lèi	나는 피곤하다.
她 Tā	很 hěn	忙 máng	그녀는 바쁘다.
他 Tā	很 hěn	胖 pàng	그는 뚱뚱하다.
哥哥 Gēge	很 hěn	高 gāo	오빠는(형은) (키가) 크다.
这个 Zhè ge	很 hěn	贵 guì	이것은 비싸다.
天气 Tiānqì	很 hěn	热 rè	날씨가 덥다.

확인학습 1

>>> 다음 문장을 중국어로 옮기시오.

1) 나는 피곤하다.

    >>> _____

2) 그녀는 바쁘다.

    >>> _____

3) 그는 뚱뚱하다.

    >>> _____

4) 오빠는(형은) (키가) 크다.

    >>> _____

5) 이것은 비싸다.

    >>> _____

6) 날씨가 덥다.

    >>> _____

7) 언니(누나)는 예쁘다.

    >>> _____

8) 할아버지는 건강하시다.

    >>> _____

9) 책이 많다.

    >>> _____

10) 지도가 크다.

    >>> _____

(2) 부정형

➡ 형용사 앞에 부정부사 「不」를 붙인다.

주어	不	형용사	~는 ~하지 않다. (~는 안 ~하다.)
我 Wǒ	不 bù	累 lèi	나는 안 피곤하다.
她 Tā	不 bù	忙 máng	그녀는 안 바쁘다.
他 Tā	不 bù	胖 pàng	그는 안 뚱뚱하다.
哥哥 Gēge	不 bù	高 gāo	오빠는(형은) (키가) 안 크다.
这个 Zhè ge	不 bù	贵 guì	이것은 안 비싸다.
天气 Tiānqì	不 bù	热 rè	날씨가 안 덥다.

확인학습 2

>>> 다음 문장을 중국어로 옮기시오.

1) 나는 안 피곤하다.
   >>> _____

2) 그녀는 안 바쁘다.
   >>> _____

3) 그는 안 뚱뚱하다.
   >>> _____

4) 오빠는(형은) (키가) 안 크다.
   >>> _____

5) 이것은 안 비싸다.
   >>> _____

6) 날씨가 안 덥다.
   >>> _____

7) 언니(누나)는 안 예쁘다.
   >>> _____

8) 할아버지는 안 건강하시다.
   >>> _____

9) 책이 안 많다.
   >>> _____

10) 지도가 안 크다.
    >>> _____

(3) 의문문

1) 시비의문문

➡ 평서문 끝에 어기조사 「吗」를 붙인다. 이때 형용사 앞의 「很」은 쓰지 않는다.

주어	형용사	吗	~는 ~합니까?
你 Nǐ	累 lèi	吗 ma	당신은 피곤합니까?
她 Tā	忙 máng	吗 ma	그녀는 바쁩니까?
他 Tā	胖 pàng	吗 ma	그는 뚱뚱합니까?
哥哥 Gēge	高 gāo	吗 ma	오빠는(형은) (키가) 큽니까?
这个 Zhè ge	贵 guì	吗 ma	이것은 비쌉니까?
天气 Tiānqì	热 rè	吗 ma	날씨가 덥습니까?

확인학습 3

>>>> 다음 문장을 중국어로 옮기시오.

1) 당신은 피곤합니까?

   >>> _____

2) 그녀는 바쁩니까?

   >>> _____

3) 그는 뚱뚱합니까?

   >>> _____

4) 오빠는(형은) (키가) 큽니까?

   >>> _____

5) 이것은 비쌉니까?

   >>> _____

6) 날씨가 덥습니까?

   >>> _____

7) 언니(누나)는 예쁩니까?

   >>> _____

8) 할아버지는 건강하십니까?

   >>> _____

9) 책이 많습니까?

   >>> _____

10) 지도가 큽니까?

   >>> _____

2) 정반의문문

➡ 형용사의 긍정형과 부정형을 나란히 쓴다. 이때 어기조사「吗」는 붙이지 않는다.

주어	긍정		부정		~는 ~합니까 (안 ~합니까)?
	형용사	不	형용사		
你 Nǐ	累 lèi	不 bù	累 lèi		당신은 피곤합니까 (안 피곤합니까)?
她 Tā	忙 máng	不 bù	忙 máng		그녀는 바쁩니까 (안 바쁩니까)?
他 Tā	胖 pàng	不 bù	胖 pàng		그는 뚱뚱합니까 (안 뚱뚱합니까)?
哥哥 Gēge	高 gāo	不 bù	高 gāo		오빠는(형은) (키가) 큽니까 (안 큽니까)?
这个 Zhè ge	贵 guì	不 bù	贵 guì		이것은 비쌉니까 (안 비쌉니까)?
天气 Tiānqì	热 rè	不 bù	热 rè		날씨가 덥습나까 (안 덥습니까)?

확인학습 4

>>> 다음 문장을 중국어로 옮기시오.

1) 당신은 피곤합니까 (안 피곤합니까)?

   >>> _____

2) 그녀는 바쁩니까 (안 바쁩니까)?

   >>> _____

3) 그는 뚱뚱합니까 (안 뚱뚱합니까)?

   >>> _____

4) 오빠는(형은) (키가) 큽니까 (안 큽니까)?

   >>> _____

5) 이것은 비쌉니까 (안 비쌉니까)?

   >>> _____

6) 날씨가 덥습니까 (안 덥습니까)?

   >>> _____

7) 언니(누나)는 예쁩니까 (안 예쁩니까)?

   >>> _____

8) 할아버지는 건강하십니까 (안 건강하십니까)?

   >>> _____

9) 책이 많습니까 (안 많습니까)?

   >>> _____

10) 지도가 큽니까 (안 큽니까)?

    >>> _____

3) 특지의문문

➡ 의문대명사「谁, 哪个, 哪儿, 怎么样」등을 사용한다. 이때 어기조사「吗」는 붙이지 않는다.

주어 (의문사)	형용사 (의문사)	누가(어느 것이, 어디가) ~합니까? (~이 어떻습까?)
谁 Shéi	忙 máng	누가 바쁩니까?
谁 Shéi	胖 pàng	누가 뚱뚱합니까?
哪个 Nǎ ge	贵 guì	어느 것이 비쌉니까?
哪个 Nǎ ge	重 zhòng	어느 것이 무겁습니까?
哪儿 Nǎr	热 rè	어디가 덥습니까?
天气 Tiānqì	怎么样 zěnmeyàng	날씨가 어떻습니까?

확인학습 5

>>>> 다음 문장을 중국어로 옮기시오.

1) 누가 바쁩니까?

   >>> _____

2) 누가 뚱뚱합니까?

   >>> _____

3) 어느 것이 비쌉니까?

   >>> _____

4) 어느 것이 무겁습니까?

   >>> _____

5) 어디가 덥습니까?

   >>> _____

6) 날씨가 어떻습니까?

   >>> _____

7) 그는 어떻습니까?

   >>> _____

8) 그곳은 어떻습니까?

   >>> _____

9) 건강은 어떻습니까?

   >>> _____

10) 상황이 어떻습니까?

    >>> _____

4) 선택의문문

➡ 접속사 「还是」를 사용한다. 이때 어기조사 「吗」는 붙이지 않는다.

주어 (A)	형용사	还是	주어 (B)	형용사	A가 ~합니까? 아니면 B가 ~합니까?
你 Nǐ	累 lèi	还是 háishi	他 tā	累 lèi	당신이 피곤합니까 아니면 그가 피곤합니까?
爸爸 Bàba	忙 máng	还是 háishi	妈妈 māma	忙 máng	아버지가 바쁘십니까 아니면 어머니가 바쁘십니까?
姐姐 Jiějie	胖 pàng	还是 háishi	妹妹 mèimei	胖 pàng	언니(누나)가 뚱뚱합니까 아니면 여동생이 뚱뚱합니까?
哥哥 Gēge	高 gāo	还是 háishi	弟弟 dìdi	高 gāo	오빠가(형이) (키가) 큽니까 아니면 남동생이 (키가) 큽니까?
这个 Zhè ge	贵 guì	还是 háishi	那个 Nà ge	贵 guì	이것이 비쌉니까 아니면 저것이 비쌉니까?
你的 Nǐ de	重 zhòng	还是 háishi	他的 Tā de	重 zhòng	당신 것이 무겁나요 아니면 그의 것이 무겁나요?

확인학습 6

>>> 다음 문장을 중국어로 옮기시오.

1) 당신이 피곤합니까 아니면 그가 피곤합니까?
   >>> _____

2) 아버지가 바쁘십니까 아니면 어머니가 바쁘십니까?
   >>> _____

3) 언니(누나)가 뚱뚱합니까 아니면 여동생이 뚱뚱합니까?
   >>> _____

4) 오빠가(형이) (키가) 큽니까 아니면 남동생이 (키가) 큽니까?
   >>> _____

5) 이것이 비쌉니까 아니면 저것이 비쌉니까?
   >>> _____

6) 당신 것이 무겁나요 아니면 그의 것이 무겁나요?
   >>> _____

7) 이것이 큽니까 아니면 저것이 큽니까?
   >>> _____

8) 한국음식이 맛있나요 아니면 중국음식이 맛있나요?
   >>> _____

9) 이 옷이 쌉니까 아니면 저 옷이 쌉니까?
   >>> _____

10) 도서관이 가깝습니까 아니면 서점이 가깝습니까?
    >>> _____

연습문제

1. 다음 문장을 해석하시오.

1) 我很累。

   » _____

2) 她很忙。

   » _____

3) 他很胖。

   » _____

4) 哥哥很高。

   » _____

5) 这个很贵。

   » _____

6) 天气很热。

   » _____

7) 我不累。

   » _____

8) 她不忙。

   » _____

9) 他不胖。

   » _____

10) 哥哥不高。
   »» _____

11) 这个不贵。
   »» _____

12) 天气不热。
   »» _____

13) 你累吗?
   »» _____

14) 她忙吗?
   »» _____

15) 他胖吗?
   »» _____

16) 哥哥高吗?
   »» _____

17) 这个贵吗?
   »» _____

18) 天气热吗?
   »» _____

19) 你累不累?
   »» _____

20) 她忙不忙?
   »» _____

21) 他胖不胖?
   »» _____

22) 哥哥高不高?

≫ _____

23) 这个贵不贵?

≫ _____

24) 天气热不热?

≫ _____

25) 谁忙?

≫ _____

26) 谁胖?

≫ _____

27) 哪个贵?

≫ _____

28) 哪个重?

≫ _____

29) 哪儿热?

≫ _____

30) 天气怎么样?

≫ _____

31) 你累还是他累?

≫ _____

32) 爸爸忙还是妈妈忙?

≫ _____

33) 姐姐胖还是妹妹胖?

≫ _____

제5과 형용사술어문

34) 哥哥高还是弟弟高?

>> _____

35) 这个贵还是那个贵?

>> _____

36) 你的重还是他的重?

>> _____

2. 다음 문장을 부정문으로 바꾸시오.

1) 我很累。

>> _____

2) 她很忙。

>> _____

3) 他很胖。

>> _____

4) 哥哥很高。

>> _____

5) 这个很贵。

>> _____

6) 天气很热。

>> _____

7) 姐姐很漂亮。

>> _____

8) 爷爷很健康。

>> _____

9) 书很多。

   》 _____

10) 地图很大。

   》 _____

3. 다음 문장을 긍정문으로 바꾸시오.

1) 我不累。

   》 _____

2) 她不忙。

   》 _____

3) 他不胖。

   》 _____

4) 哥哥不高。

   》 _____

5) 这个不贵。

   》 _____

6) 天气不热。

   》 _____

7) 姐姐不漂亮。

   》 _____

8) 爷爷不健康。

   》 _____

9) 书不多。

   》 _____

10) 地图不大。

　　》 _____

4. 다음 문장을 의문문으로 바꾸시오.

1) 我很累。(시비의문문)

　　》 _____

2) 她很忙。(정반의문문)

　　》 _____

3) 他很胖。(선택의문문)

　　》 _____

4) 哥哥很高。(특지의문문)

　　》 _____

5) 这个很贵。(시비의문문)

　　》 _____

6) 天气很热。(정반의문문)

　　》 _____

7) 姐姐很漂亮。(선택의문문)

　　》 _____

8) 爷爷很健康。(특지의문문)

　　》 _____

9) 书很多。(시비의문문)

　　》 _____

10) 地图很大。(정반의문문)

　　》 _____

5. 괄호 안의 단어를 선택하여 아래 문장을 중국어로 옮기시오.

1) 나는 기쁘지 않다.
   (我 / 高兴 / 不 / 很)
   ≫ _____

2) 남자 친구가 많다.
   (很 / 多 / 不 / 男朋友)
   ≫ _____

3) 남학생이 많니 아니면 여학생이 많니?
   (男学生 / 女学生 / 不 / 多 / 很 / 还是)
   ≫ _____

4) 오늘은 그다지 춥지 않다.
   (很 / 太 / 不 / 今天 / 冷)
   ≫ _____

5) 이것은 비싸다.
   (这个 / 那个 / 很 / 贵 / 不 / 太)
   ≫ _____

6) 서울은 덥다.
   (首尔 / 热 / 太 / 非常 / 很)
   ≫ _____

7) 값이 너무 비싸다.
   (价钱 / 太 / 非常 / 贵 / 很)
   ≫ _____

8) 선생님은 그다지 건강하지 않다.
   (老师 / 健康 / 太 / 不 / 很)
   ≫ _____

9) 책이 너무 안 좋다.
(书 / 好 / 太 / 非常 / 很 / 不)

≫ _____

10) 학생이 그다지 많지 않다.
(学生 / 大 / 不 / 多 / 太)

≫ _____

6. 다음을 중국어로 옮기시오.

1) 사천요리는 맵다.

≫ _____

2) 중국어는 쉽다.

≫ _____

3) 이 요리는 맛있습니까?

≫ _____

4) 시험이 어렵다.

≫ _____

5) 그곳은 춥다.

≫ _____

6) 어디가 따뜻합니까?

≫ _____

7) 이곳은 덥다.

≫ _____

8) 옷이 비싸다.

≫ _____

9) 물건이 많다.

>>> _____

10) 돈이 그다지 많지 않다.

>>> _____

7. 다음 중 어순에 맞는 문장을 고르시오.

1) ① 书不多我的英文。　　　　② 不多我的英文书。
　　③ 我的英文书不多。　　　　④ 英文书不多我的。

2) ① 东西便宜那个吗?　　　　② 便宜吗那个东西?
　　③ 那个便宜东西吗?　　　　④ 那个东西便宜吗?

3) ① 那家银行不大。　　　　② 银行那家不大。
　　③ 不大那家银行。　　　　④ 那家不大银行。

4) ① 你们学校大不大?　　　　② 大不大你们学校?
　　③ 学校大不大你们?　　　　④ 你们大不大学校?

5) ① 汉字难不难这些?　　　　② 汉字这些难不难?
　　③ 这些难不难汉字?　　　　④ 这些汉字难不难?

6) ① 好看那些花不好看?　　　② 那些好看不好看花?
　　③ 好看不好看那些花?　　　④ 那些花好看不好看?

 **복습문제**

1. 다음 문장을 해석하시오.

   〈판단문〉

   1) 我是韩国人。
      》 _____

   2) 他是学生。
      》 _____

   3) 她是老师。
      》 _____

   4) 这是书。
      》 _____

   5) 那是手机。
      》 _____

   6) 那是电脑。
      》 _____

   7) 我不是韩国人。
      》 _____

   8) 他不是学生。
      》 _____

   9) 她不是老师。
      》 _____

제6과 복습 I

10) 这不是书。

    >>> _____

11) 那不是手机。

    >>> _____

12) 那不是电脑。

    >>> _____

13) 你是韩国人吗?

    >>> _____

14) 他是学生吗?

    >>> _____

15) 她是老师吗?

    >>> _____

16) 这是书吗?

    >>> _____

17) 那是手机吗?

    >>> _____

18) 那是电脑吗?

    >>> _____

19) 你是不是韩国人?

    >>> _____

20) 他是不是学生?

    >>> _____

21) 她是不是老师?

    >>> _____

22) 这是不是书?
    »» _____

23) 那是不是手机?
    »» _____

24) 那是不是电脑?
    »» _____

25) 谁是韩国人?
    »» _____

26) 谁是学生?
    »» _____

27) 谁是老师?
    »» _____

28) 哪位是你爸爸?
    »» _____

29) 他是谁?
    »» _____

30) 这是什么?
    »» _____

31) 你是韩国人还是中国人?
    »» _____

32) 他是学生还是老师?
    »» _____

33) 她是老师还是护士?
    »» _____

34) 这是书还是词典?
   >> _____

35) 那是手机还是电脑?
   >> _____

36) 那是电脑还是电子词典?
   >> _____

〈소유문〉

1) 我有哥哥。
   >> _____

2) 我有书。
   >> _____

3) 她有男朋友。
   >> _____

4) 他有电脑。
   >> _____

5) 哥哥有护照。
   >> _____

6) 姐姐有时间。
   >> _____

7) 我没有哥哥。
   >> _____

8) 我没有书。
   >> _____

9) 她没有男朋友。
   ≫ _____

10) 他没有电脑。
    ≫ _____

11) 哥哥没有护照。
    ≫ _____

12) 姐姐没有时间。
    ≫ _____

13) 你有哥哥吗?
    ≫ _____

14) 你有书吗?
    ≫ _____

15) 她有男朋友吗?
    ≫ _____

16) 他有电脑吗?
    ≫ _____

17) 哥哥有护照吗?
    ≫ _____

18) 姐姐有时间吗?
    ≫ _____

19) 你有没有哥哥?
    ≫ _____

20) 你有没有书?
    ≫ _____

제6과 복습 I

21) 她有没有男朋友?
>> _____

22) 他有没有电脑?
>> _____

23) 哥哥有没有护照?
>> _____

24) 姐姐有没有时间?
>> _____

25) 谁有哥哥?
>> _____

26) 谁有男朋友?
>> _____

27) 谁有时间?
>> _____

28) 谁有护照?
>> _____

29) 哪儿有洗手间?
>> _____

30) 你有什么书?
>> _____

31) 你有哥哥还是有姐姐?
>> _____

32) 你有书还是有词典?
>> _____

33) 她有女儿还是有儿子?

　　≫ _____

34) 她有车票还是有机票?

　　≫ _____

35) 他有电脑还是有电子词典?

　　≫ _____

36) 他有自行车还是有汽车?

　　≫ _____

〈존재문〉

1) 她在中国。

　　≫ _____

2) 姐姐在学校。

　　≫ _____

3) 老师在图书馆。

　　≫ _____

4) 他在这儿。

　　≫ _____

5) 爸爸在办公室(里)。

　　≫ _____

6) 妈妈在厨房(里)。

　　≫ _____

7) 她不在中国。

　　≫ _____

8) 姐姐不在学校。

   » _____

9) 老师不在图书馆。

   » _____

10) 他不在这儿。

    » _____

11) 爸爸不在办公室(里)。

    » _____

12) 妈妈不在厨房(里)。

    » _____

13) 她在中国吗?

    » _____

14) 姐姐在学校吗?

    » _____

15) 老师在图书馆吗?

    » _____

16) 他在这儿吗?

    » _____

17) 爸爸在办公室(里)吗?

    » _____

18) 妈妈在厨房(里)吗?

    » _____

19) 她在不在中国?

    » _____

20) 姐姐在不在学校?

   ≫ _____

21) 老师在不在图书馆?

   ≫ _____

22) 他在不在这儿?

   ≫ _____

23) 爸爸在不在办公室(里)?

   ≫ _____

24) 妈妈在不在厨房(里)?

   ≫ _____

25) 谁在中国?

   ≫ _____

26) 谁在学校?

   ≫ _____

27) 谁在图书馆?

   ≫ _____

28) 他在哪儿?

   ≫ _____

29) 爸爸在哪儿?

   ≫ _____

30) 妈妈在哪儿?

   ≫ _____

31) 她在中国还是在日本?

   ≫ _____

32) 姐姐在学校还是在家(里)?

>> _____

33) 老师在图书馆还是在教室(里)?

>> _____

34) 他在这儿还是在那儿?

>> _____

35) 爸爸在办公室(里)还是在食堂(里)?

>> _____

36) 妈妈在厨房(里)还是在旁间(里)?

>> _____

〈동사술어문〉

1) 我学习汉语。

>> _____

2) 他看书。

>> _____

3) 她听音乐。

>> _____

4) 老师去中国。

>> _____

5) 姐姐吃饭。

>> _____

6) 妹妹写汉字。

>> _____

7) 我不学习汉语。
   》 _____

8) 他不看书。
   》 _____

9) 她不听音乐。
   》 _____

10) 老师不去中国。
    》 _____

11) 姐姐不吃饭。
    》 _____

12) 妹妹不写汉字。
    》 _____

13) 你学习汉语吗?
    》 _____

14) 他看书吗?
    》 _____

15) 她听音乐吗?
    》 _____

16) 老师去中国吗?
    》 _____

17) 姐姐吃饭吗?
    》 _____

18) 妹妹写汉字吗?
    》 _____

19) 你学习不学习汉语?

    ≫ _____

20) 他看不看书?

    ≫ _____

21) 她听不听音乐?

    ≫ _____

22) 老师去不去中国?

    ≫ _____

23) 姐姐吃不吃饭?

    ≫ _____

24) 妹妹写不写汉字?

    ≫ _____

25) 谁学习汉语?

    ≫ _____

26) 谁看书?

    ≫ _____

27) 谁听音乐?

    ≫ _____

28) 老师去哪儿?

    ≫ _____

29) 姐姐吃什么?

    ≫ _____

30) 妹妹写什么?

    ≫ _____

31) 你学习汉语还是学习英语?

   》 _____

32) 他看书还是看连续剧?

   》 _____

33) 她听音乐还是听录音?

   》 _____

34) 老师去中国还是去日本?

   》 _____

35) 姐姐吃饭还是吃面包?

   》 _____

36) 妹妹写汉字还是写韩文?

   》 _____

〈형용사술어문〉

1) 我很累。

   》 _____

2) 她很忙。

   》 _____

3) 他很胖。

   》 _____

4) 哥哥很高。

   》 _____

5) 这个很贵。

   》 _____

6) 天气很热。

   》 _____

7) 我不累。

   》 _____

8) 她不忙。

   》 _____

9) 他不胖。

   》 _____

10) 哥哥不高。

    》 _____

11) 这个不贵。

    》 _____

12) 天气不热。

    》 _____

13) 你累吗?

    》 _____

14) 她忙吗?

    》 _____

15) 他胖吗?

    》 _____

16) 哥哥高吗?

    》 _____

17) 这个贵吗?

    》 _____

18) 天气热吗?
   》 _____

19) 你累不累?
   》 _____

20) 她忙不忙?
   》 _____

21) 他胖不胖?
   》 _____

22) 哥哥高不高?
   》 _____

23) 这个贵不贵?
   》 _____

24) 天气热不热?
   》 _____

25) 谁忙?
   》 _____

26) 谁胖?
   》 _____

27) 哪个贵?
   》 _____

28) 哪个重?
   》 _____

29) 哪儿热?
   》 _____

제6과 복습 I

30) 天气怎么样?

>> _____

31) 你累还是他累?

>> _____

32) 爸爸忙还是妈妈忙?

>> _____

33) 姐姐胖还是妹妹胖?

>> _____

34) 哥哥高还是弟弟高?

>> _____

35) 这个贵还是那个贵?

>> _____

36) 你的重还是他的重?

>> _____

2. 다음을 중국어로 옮기시오.

〈판단문〉

1) 그들은 모두 아시아인입니다.

>> _____

2) 저것은 무엇입니까?

>> _____

3) 그것은 수박입니다.

>> _____

4) 저 옷은 새것이 아닙니다.
   >> _____

5) 그는 변호사가 아닙니다.
   >> _____

6) 언니(누나)는 대학생입니다.
   >> _____

7) 이 자동차는 여동생 것이 아닙니다.
   >> _____

8) 그들은 고등학생입니까?
   >> _____

9) 그녀는 누구입니까?
   >> _____

10) 그는 당신 남동생입니까 (아닙니까)?
    >> _____

〈소유문〉

1) 나는 책가방이 없다.
   >> _____

2) 언니(누나)는 외국친구가 있다.
   >> _____

3) 나는 운동화가 없다.
   >> _____

4) 그는 배낭이 있나요 (없나요)?
   >> _____

5) 오빠는(형은) 오토바이가 있다.
   》 _____

6) 당신은 형제자매가 있습니까?
   》 _____

7) 이곳에 극장이 있습니까?
   》 _____

8) 그는 영국친구가 있다.
   》 _____

9) 나는 카메라를 가지고 있다.
   》 _____

10) 그녀는 모자가 없다.
    》 _____

〈존재문〉

1) 그녀의 집은 서울에 있습니다.
   》 _____

2) 그는 식당에 있습니까?
   》 _____

3) 아이들은 운동장에 있습니까?
   》 _____

4) 그는 사무실에 없습니다.
   》 _____

5) 그는 홍콩에 있다.
   》 _____

6) 우체국은 어디에 있습니까?

　　≫ _____

7) 언니(누나)는 백화점에 있다.

　　≫ _____

8) 그녀의 옷은 옷장 안에 있다.

　　≫ _____

9) 극장은 어디에 있습니까?

　　≫ _____

10) 사이다는 냉장고 안에 있다.

　　≫ _____

〈동사술어문〉

1) 그는 중국어를 배웁니까?

　　≫ _____

2) 오빠는(형은) 옷을 삽니까?

　　≫ _____

3) 그녀는 백화점에 간다.

　　≫ _____

4) 오빠는(형은) 텔레비전을 본다.

　　≫ _____

5) 그는 신발을 안 산다.

　　≫ _____

6) 아버지는 녹차를 안 드십니까?

　　≫ _____

7) 그는 너를 좋아한다.

   ≫ _____

8) 언니(누나)는 홍차를 마신다.

   ≫ _____

9) 남동생은 잡지를 본다.

   ≫ _____

10) 그는 스페인어를 배운다.

    ≫ _____

〈형용사술어문〉

1) 사천요리는 맵다.

   ≫ _____

2) 중국어는 쉽다.

   ≫ _____

3) 이 요리는 맛있습니까?

   ≫ _____

4) 시험이 어렵다.

   ≫ _____

5) 그곳은 춥다.

   ≫ _____

6) 어디가 따뜻합니까?

   ≫ _____

7) 이곳은 덥다.

   ≫ _____

8) 옷이 비싸다.

>>> _____

9) 물건이 많다.

>>> _____

10) 돈이 그다지 많지 않다.

>>> _____

제7과

명사술어문

단어

☐	现在 Xiànzài	지금, 현재
☐	这个 zhè ge	이것
☐	那个 nà ge	그것, 저것
☐	五 wǔ	5, 다섯, 다섯째
☐	点 diǎn	시(時)
☐	半 bàn	30분, 2분의 1
☐	今年 jīnnián	올해, 금년
☐	二十二 èrshíèr	22
☐	岁 suì	살, 세[연령을 세는 단위]
☐	月 yuè	달, 월[1년은 12개월로 나눔]
☐	今天 jīntiān	오늘, 현재, 지금, 오늘날
☐	号 hào	일[날짜를 가리킴]
☐	后天 hòutiān	모레
☐	星期三 xīngqīsān	수요일
☐	老 lǎo	성씨 앞에 쓰여 친근감이나 존중의 뜻을 나타냄
☐	王 Wáng	왕[姓]
☐	广东 Guǎngdōng	광둥성, 광동성
☐	人 rén	사람
☐	三十 sānshí	30
☐	十 shí	10

제7과 명사술어문

☐	六 liù	6, 육, 여섯
☐	四 sì	4, 사, 넷
☐	是 shì	…이다
☐	不 bù	(동사·형용사 또는 기타 부사 앞에서) 부정(否定)을 나타냄
☐	块 kuài	중국의 화폐 단위
☐	朋友 péngyou	친구, 벗
☐	上海 Shànghǎi	상해, 상하이
☐	北京 Běijīng	북경, 베이징
☐	衣服 yīfu	옷, 의복
☐	吗 ma	문장 끝에 쓰여 의문의 어기를 나타냄
☐	几 jǐ	몇[숫자가 그렇게 많지 않을 때 사용함], 몇[주로 10 이하의 확실치 않은 수를 물을 때 쓰임], 몇[구체적인 문장 속에서 확실한 숫자를 대신할 때 쓰임]
☐	多 duō	얼마나[의문문에 쓰여 정도를 나타냄]
☐	多少 duōshao	몇, 얼가[일정하지 않은 수량을 나타냄]
☐	钱 qián	돈
☐	星期 xīngqī	요일
☐	哪儿 nǎr	어디
☐	个 gè	개, 사람, 명[개개의 사람이나 물건에 쓰임]
☐	台 tái	대[기계·차량·설비 등을 세는 단위]
☐	电脑 diànnǎo	컴퓨터
☐	星期二 xīngqī'èr	화요일
☐	星期四 xīngqīsì	목요일

☐ 二十	èrshí	20
☐ 天津	Tiānjīn	천진, 텐진
☐ 妹妹	mèimei	여동생
☐ 老师	lǎoshī	선생님
☐ 山东	Shāndōng	산동(山東)성
☐ 本	běn	권
☐ 书	shū	책
☐ 明天	míngtiān	내일
☐ 生日	shēngrì	생일
☐ 明年	míngnián	내년
☐ 毛	máo	중국의 화폐 단위[1위안(元)의 1/10, 角와 같음]
☐ 昨天	zuótiān	어제
☐ 前天	qiántiān	그저께
☐ 大后天	dàhòutiān	글피
☐ 日	rì	하루, 일, 날
☐ 两	liǎng	둘[주로 짝을 이루는 사물·양사·'半(bàn)·千(qiān)·万(wàn)·亿(yì)' 등의 앞에 쓰임]
☐ 件	jiàn	건, 개[일부 하나하나로 셀 수 있는 물건을 세는 단위]
☐ 衬衫	chènshān	와이셔츠, 셔츠, 블라우스
☐ 条	tiáo	가늘고 긴 것이나 폭이 좁고 긴 것을 세는 단위
☐ 裤子	kùzi	바지
☐ 苹果	píngguǒ	사과
☐ 考试	kǎoshì	시험(을 치다), 고사(를 치다)

周 zhōu	주, 주일
南京 Nánjīng	남경, 난징
国庆节 guóqìngjié	국경절['중화인민공화국(中華人民共和國)'의 건국을 기념하는 날. 1949년 10월 1일에 '중화인민공화국'의 건국이 선포되었다]
小 xiǎo	군, 양[성이나 이름 앞에 붙여, 자신보다 어린 사람에 대한 친근함을 나타냄]
香港 Xiānggǎng	홍콩 섬
台湾 Táiwān	대만, 타이완

> **명사술어문**
>
> 명사성어구(명사, 명사구, 수량사 등)가 술어로 쓰인 문장
> 주로 시간, 나이, 가격, 수량, 날짜, 요일, 출신지 등을
> 표현할 때 쓰인다.

(1) 긍정형

➡ 기본 구조는 「주어 + 술어(명사성어구)」이다. 즉, 「是」 없이 명사성어구(명사, 명사구, 수량사)가 직접 술어로 쓰인다.

주어	술어 (명사성어구)	~는 ~이다.
现在 Xiànzài	五点半 wǔ diǎn bàn	지금은 5시 30분이다.
今年 Jīnnián	二十二岁 èrshíèr suì	올해 22살이다.
这个 Zhè ge	十块 shí kuài	이것은 10원이다.
今天 Jīntiān	十三号 èrshísān hào	오늘은 13일이다.
后天 Hòutiān	星期三 xīngqīsān	모레는 수요일이다.
老王 Lǎo Wáng	广东人 Guǎngdōngrén	라오왕은 광동사람이다.

제7과 명사술어문

 **확인학습 1**

⟫⟫ 다음 문장을 중국어로 옮기시오.

1) 지금은 5시 30분이다.

   ⟫ _____

2) 올해 22살이다.

   ⟫ _____

3) 이것은 10원이다.

   ⟫ _____

4) 오늘은 13일이다.

   ⟫ _____

5) 모레는 수요일이다.

   ⟫ _____

6) 라오왕은 광동사람이다.

   ⟫ _____

7) 내 친구는 상해사람이다.

   ⟫ _____

8) 이 옷은 30원이다.

   ⟫ _____

9) 오늘은 5월 15일이다.

   ⟫ _____

10) 내일은 일요일이다.

   ⟫ _____

(2) 부정형

➡ 명사성어구(명사, 명사구, 수량사) 앞에 「不是」를 붙인다.

주어	不	是	술어 (명사성어구)	~는 ~이 아니다.
现在 Xiànzài	不 bù	是 shì	五点半 wǔ diǎn bàn	지금은 5시 30분이 아니다.
今年 Jīnnián	不 bù	是 shì	二十二岁 èrshíèr suì	올해 22살이 아니다.
这个 Zhè ge	不 bù	是 shì	十块 shí kuài	이것은 10원이 아니다.
今天 Jīntiān	不 bù	是 shì	十三号 èrshísān hào	오늘은 13일이 아니다.
后天 Hòutiān	不 bù	是 shì	星期三 xīngqīsān	모레는 수요일이 아니다.
老王 Lǎo Wáng	不 bù	是 shì	广东人 Guǎngdōngrén	라오왕은 광동사람이 아니다.

 **확인학습 2**

>>> 다음 문장을 중국어로 옮기시오.

1) 지금은 5시 30분이 아니다.
   >>> _____

2) 올해 22살 아니다.
   >>> _____

3) 이것은 10원이 아니다.
   >>> _____

4) 오늘은 13일이 아니다.
   >>> _____

5) 모레는 수요일이 아니다.
   >>> _____

6) 라오왕은 광둥사람이 아니다.
   >>> _____

7) 내 친구는 상해사람이 아니다.
   >>> _____

8) 이 옷은 30원이 아니다.
   >>> _____

9) 오늘은 5월 15일이 아니다.
   >>> _____

10) 내일은 일요일이 아니다.
    >>> _____

(3) 의문문

1) 시비의문문

➡ 평서문 끝에 어기조사 「吗」를 붙인다.

주어	술어 (명사성어구)	吗	~는 ~입니까?
现在 Xiànzài	五点半 wǔ diǎn bàn	吗 ma	지금 5시 30분입니까?
今年 Jīnnián	二十二岁 èrshíèr suì	吗 ma	올해 22살입니까?
这个 Zhè ge	十块 shí kuài	吗 ma	이것은 10원입니까?
今天 Jīntiān	十三号 èrshísān hào	吗 ma	오늘은 13일입니까?
后天 Hòutiān	星期三 xīngqīsān	吗 ma	모레는 수요일입니까?
老王 Lǎo Wáng	广东人 Guǎngdōngrén	吗 ma	라오왕은 광동사람입니까?

확인학습 3

>>> 다음 문장을 중국어로 옮기시오.

1) 지금 5시 30분입니까?

    >>> _____

2) 올해 22살입니까?

    >>> _____

3) 이것은 10원입니까?

    >>> _____

4) 오늘은 13일입니까?

    >>> _____

5) 모레는 수요일입니까?

    >>> _____

6) 라오왕은 광동사람입니까?

    >>> _____

7) 당신 친구는 상해사람입니까?

    >>> _____

8) 이 옷은 30원입니까?

    >>> _____

9) 오늘은 5월 15일입니까?

    >>> _____

10) 내일은 일요일입니까?

    >>> _____

2) 특지의문문

➡ 의문대명사 「几, 多, 多少, 哪儿」 등을 사용한다. 이때 어기조사 「吗」는 붙이지 않는다.

주어	술어	~는 ~몇 일(몇 살/얼마/ 무슨 요일/어디 사람)입니까?
现在 Xiànzài	几点 jǐ diǎn	지금 몇 시입니까?
今年 Jīnnián	多大 duōdà	올해 몇 살입니까?
这个 Zhè ge	多少(钱) duōshao(qián)	이것은 얼마입니까?
今天 Jīntiān	几号 jǐ hào	오늘은 몇 일입니까?
后天 Hòutiān	星期几 xīngqī jǐ	모레는 무슨 요일입니까?
老王 Lǎo Wáng	哪儿的人 nǎr de rén	라오왕은 어디 사람입니까?

확인학습 4

>>> 다음 문장을 중국어로 옮기시오.

1) 지금 몇 시입니까?

   >>> _____

2) 올해 몇 살입니까?

   >>> _____

3) 이것은 얼마입니까?

   >>> _____

4) 오늘은 몇 일입니까?

   >>> _____

5) 모레는 무슨 요일입니까?

   >>> _____

6) 라오왕은 어디 사람입니까?

   >>> _____

7) 당신 친구는 어디 사람입니까?

   >>> _____

8) 이 옷은 얼마입니까?

   >>> _____

9) 오늘은 몇 월 몇 일입니까?

   >>> _____

10) 내일은 무슨 요일입니까?

   >>> _____

4) 선택의문문

➡ 접속사 「还是」를 사용한다. 이때 어기조사 「吗」는 붙이지 않는다.

주어	술어 (명사성어구) A	还是	서술어 (명사성어구) B	~는 A입니까 아니면 B입니까?
现在 Xiànzài	五点半 wǔ diǎn bàn	还是 háishi	六点半 liù diǎn bàn	지금 5시 30분입니까 아니면 6시30분입니까?
今年 Jīnnián	二十二岁 èrshíèr suì	还是 háishi	三十二岁 sānshíèr suì	올해 22살입니까 아니면 32살입니까?
这个 Zhè ge	十块 shí kuài	还是 háishi	二十块 èrshí kuài	이것은 10원입니까 아니면 20원입니까?
今天 Jīntiān	十三号 shísān hào	还是 háishi	二十三号 èrshísān hào	오늘은 13일입니까 아니면 23일입니까?
后天 Hòutiān	星期三 xīngqīsān	还是 háishi	星期四 xīngqīsì	모레는 수요일입니까 아니면 목요일입니까?
老王 Lǎo Wáng	广东人 Guǎngdōngrén	还是 háishi	南京人 Nánjīngrén	라오왕은 광동사람입니까 아니면 남경사람입니까?

확인학습 5

>>> 다음 문장을 중국어로 옮기시오.

1) 지금 5시 30분입니까 아니면 6시 30분입니까?

   >>> _____

2) 올해 22살입니까 아니면 32살입니까?

   >>> _____

3) 이것은 10원입니까 아니면 20원입니까?

   >>> _____

4) 오늘은 13일입니까 아니면 23일입니까?

   >>> _____

5) 모레는 수요일입니까 아니면 목요일입니까?

   >>> _____

6) 라오왕은 광동사람입니까 아니면 남경사람입니까?

   >>> _____

7) 그것은 1원입니까 아니면 7원입니까?

   >>> _____

8) 내일은 5일입니까 아니면 6일입니까?

   >>> _____

9) 내일은 화요일입니까 아니면 수요일입니까?

   >>> _____

10) 샤오왕은 홍콩사람입니까 아니면 대만사람입니까?

    >>> _____

연습문제

1. 다음 문장을 해석하시오.

1) 现在五点半。
   ≫ _____

2) 今年二十二岁。
   ≫ _____

3) 这个十块。
   ≫ _____

4) 今天十三号。
   ≫ _____

5) 后天星期三。
   ≫ _____

6) 老王广东人。
   ≫ _____

7) 现在不是五点半。
   ≫ _____

8) 今年不是二十二岁。
   ≫ _____

9) 这个不是十块。
   ≫ _____

제7과 명사술어문

10) 今天不是十三号。
   》 _____

11) 后天不是星期三。
   》 _____

12) 老王不是广东人。
   》 _____

13) 现在五点半吗?
   》 _____

14) 今年二十二岁吗?
   》 _____

15) 这个十块吗?
   》 _____

16) 今天十三号吗?
   》 _____

17) 后天星期三吗?
   》 _____

18) 老王广东人吗?
   》 _____

19) 现在几点?
   》 _____

20) 今年多大?
   》 _____

21) 这个多少(钱)?
   》 _____

22) 今天几号?

》 _____

23) 后天星期几?

》 _____

24) 老王哪儿的人?

》 _____

25) 现在五点半还是六点半?

》 _____

26) 今年二十二岁还是三十二岁?

》 _____

27) 这个十块还是二十块?

》 _____

28) 今天十三号还是二十三号?

》 _____

29) 后天星期三还是星期四?

》 _____

30) 老王广东人还是南京人?

》 _____

2. 다음 문장을 부정문으로 바꾸시오.

1) 现在五点半。

》 _____

2) 今年二十二岁。

》 _____

3) 这个十块。

   》 _____

4) 今天二十三号。

   》 _____

5) 后天星期三。

   》 _____

6) 老王广东人。

   》 _____

7) 我朋友上海人。

   》 _____

8) 这件衣服三十块。

   》 _____

9) 今天五月十五号。

   》 _____

10) 明天星期天。

   》 _____

3. 다음 문장을 긍정문으로 바꾸시오.

1) 现在不是五点半。

   》 _____

2) 今年不是二十二岁。

   》 _____

3) 这个不是十块。

   》 _____

4) 今天不是二十三号。

>>> _____

5) 后天不是星期三。

>>> _____

6) 老王不是广东人。

>>> _____

7) 我朋友不是上海人。

>>> _____

8) 这件衣服不是三十块。

>>> _____

9) 今天不是五月十五号。

>>> _____

10) 明天不是星期天。

>>> _____

4. 다음 문장을 의문문으로 바꾸시오.

1) 现在五点半。(시비의문문)

>>> _____

2) 今年二十二岁。(특지의문문)

>>> _____

3) 这个十块。(선택의문문)

>>> _____

4) 今天二十三号。(특지의문문)

>>> _____

5) 后天星期三。(선택의문문)

   》 _____

6) 老王广东人。(시비의문문)

   》 _____

7) 我朋友上海人。(선택의문문)

   》 _____

8) 这件衣服三十块。(특지의문문)

   》 _____

9) 今天五月十五号。(시비의문문)

   》 _____

10) 明天星期天。(특지의문문)

   》 _____

5. 괄호 안의 단어를 선택하여 아래 문장을 중국어로 옮기시오.

   1) 라오왕은 북경사람이 아니다.

      (北京人 / 老王 / 是 ; 不)

      》 _____

   2) 당신 생일은 몇 월 며칠입니까?

      (号 / 几 / 你的生日 ; 月 / 几)

      》 _____

   3) 지금은 2시 20분이다.

      (现在 / 分 / 时 / 二 / 两 / 十 / 点)

      》 _____

4) 그는 36살이다.

(他 / 三十六 / 岁 / 是 / 不)

》 _____

5) 그것은 25원입니다.

(二十五 / 那 / 不 / 毛 / 块 / 是 / 钱)

》 _____

6) 어제는 일요일이었다.

(星期 / 昨天 / 七 / 前天 / 六 / 天 / 是)

》 _____

7) 그것은 300원이 아닙니다.

(那 / 不 / 三百 / 是 / 块 / 钱 / 个)

》 _____

8) 오늘은 국경절이 아니다.

(不 / 是 / 今天 / 国庆节)

》 _____

9) 글피는 25일이다.

(大后天 / 二十五 / 天 / 不 / 是 / 号 / 明天)

》 _____

10) 내일은 무슨 요일입니까?

(昨天 / 几 / 明天 / 今年 / 前天 / 星期)

》 _____

6. 다음을 중국어로 옮기시오.

1) 이 컴퓨터는 68원입니다.

    》 _____

2) 오늘은 화요일입니다.

    》 _____

3) 그는 20살이 아닙니다.

    》 _____

4) 지금은 1시 15분입니다.

    》 _____

5) 그녀는 천진사람이 아닙니다.

    》 _____

6) 오늘은 3월 1일이 아닙니다.

    》 _____

7) 여동생은 15살입니다.

    》 _____

8) 선생님은 남경사람입니다.

    》 _____

9) 이 책은 얼마입니까?

    》 _____

10) 다음주 월요일은 몇 일입니까?

    》 _____

7. 다음 중 어순에 맞는 문장을 고르시오.

1) ① 今天不是五月五号。 ② 不是今天五月五号。
   ③ 今天五月五号不是。 ④ 今天五月不是五号。

2) ① 衬衫这件三十块。 ② 衬衫三十块这件。
   ③ 这件三十块衬衫。 ④ 这件衬衫三十块。

3) ① 裤子这条多少钱? ② 裤子多少钱这条?
   ③ 多少钱这条裤子? ④ 这条裤子多少钱?

4) ① 哥哥多大今年? ② 哥哥大今年多?
   ③ 今年多大哥哥? ④ 哥哥今年多大?

5) ① 五块苹果三毛。 ② 五块三毛苹果。
   ③ 苹果五块三毛。 ④ 三毛五块苹果。

6) ① 五十八岁我爸爸。 ② 五十八我爸爸岁。
   ③ 我爸爸五十八岁。 ④ 爸爸我五十八岁。

제8과

주술술어문

단어

- 他 tā — 그
- 学校 xuéxiào — 학교
- 爸爸 bàba — 아빠, 아버지
- 她 tā — 그녀
- 这儿 zhèr — 이곳, 여기
- 身体 shēntǐ — 신체, 몸, 건강
- 环境 huánjìng — 환경
- 学习 xuéxí — 공부, 학습하다
- 胃口 wèikkǒu — 입맛, 식욕
- 个子 gèzi — 키
- 空气 kōngqì — 공기
- 很 hěn — 매우, 몹시
- 健康 jiànkāng — 건강(하다)
- 多 duō — 많다
- 认真 rènzhēn — 진지하다, 성실하다
- 好 hǎo — 좋다
- 高 gāo — (키가) 크다, 높다
- 新鲜 xīnxiān — 신선하다
- 肚子 dùzi — (사람이나 동물의) 복부, 배
- 疼 téng — 아프다
- 公司 gōngsī — 회사, 직장

	情况 qíngkuàng	상황, 정황, 흩편, 사정
	不 bù	(동사·형용사 또는 기타 부사 앞에서) 부정(否定)을 나타냄
	吗 ma	문장 끝에 쓰여 의문의 어기를 나타냄
	怎么样 zěnmeyang	어때, 어떻습니까
	老师 lǎoshī	선생님
	今天 jīntiān	오늘, 현재, 지금, 오늘날
	天气 tiānqì	날씨
	冷 lěng	춥다
	不太 bùtài	그다지 …지 않다, 별로
	衣服 yīfu	옷, 의복
	所 suǒ	개, 하나[학교·병원을 세는 단위]
	女 nǚ	여자, 여성
	好看 hǎokàn	아름답다, 근사하다, 보기 좋다
	好听 hǎotīng	(소리가) 듣기 좋다, 감미롭다
	这 zhè	이(것)
	台 tái	대[기계·차량·설비 등을 세는 단위]
	收音机 shōuyīnjī	라디오
	声音 shēngyīn	소리, 목소리
	电视 diànshì	텔레비전 (수상기), TV
	样子 yàngzi	모양, 모습, 꼴, 형태
	爷爷 yéye	할아버지, 조브
	奶奶 nǎinai	할머니
	姐姐 jiějie	언니, 누나
	女学生 nǚxuésheng	여학생

☐	朴 Piáo	박[姓]
☐	长 cháng	(길이가) 길다, (시간이) 길다, 오래다
☐	头发 tóufa	머리카락, 두발
☐	头 tóu	머리
☐	个子 gèzi	(사람의) 키, 체격
☐	济州岛 Jìzhōudǎo	제주도
☐	米 mǐ	미터(meter), 쌀
☐	体重 tǐzhòng	체중, 몸무게
☐	公斤 gōngjīn	킬로그램(kg)
☐	父母 fùmǔ	부모
☐	家 jiā	집·점포·공장 등을 세는 단위
☐	工厂 gōngchǎng	공장
☐	年轻人 niánqīngrén	젊은 사람. 젊은이
☐	牙 yá	이, 치아
☐	颜色 yánsè	색, 색깔
☐	姥姥 lǎolao	외할머니, 외조모
☐	南京 Nánjīng	남경, 난징
☐	生活 shēnghuó	생활
☐	习惯 xíguàn	버릇(이 되다), 습관(이 되다), 적응하다, 익숙해지다, 익숙하다
☐	身高 shēngāo	키, 신장
☐	外公 wàigōng	외조부, 외할아버지
☐	胃 wèi	(사람이나 고등 동물의) 위(장)
☐	眼睛 yǎnjing	눈
☐	工作 gōngzuò	근무, 작업, 일, 업무
☐	忙 máng	바쁘다, 틈이 없다

주술술어문

주어와 술어로 이루어진 주술구(主述句)가
술어의 주요 성분이 되는 문장

(1) 긍정형

➡ 기본 구조는 「주어 + 술어(주술구)」이다.

주어	술어			~는 ~이 ~하다.
	(소)주어		(소)술어	
他 Tā	身体 shēntǐ	很 hěn	健康 jiànkāng	그는 몸이 (매우) 건강하다.
学校 Xuéxiào	环境 huánjìng	很 hěn	好 hǎo	학교는 환경이 (매우) 좋다.
她 Tā	学习 xuéxí	很 hěn	认真 rènzhēn	그녀는 공부를 (매우) 열심히 한다.
爸爸 Bàba	胃口 wèikǒu	很 hěn	好 hǎo	아버지는 입맛이 (매우) 있으시다.
她 Tā	个子 gèzi	很 hěn	高 gāo	그녀는 키가 (매우) 크다.
这儿 Zhèr	空气 kōngqì	很 hěn	新鲜 xīnxiān	이곳은 공기가 (매우) 신선하다.

확인학습 1

>>> 다음 문장을 중국어로 옮기시오.

1) 그는 몸이 (매우) 건강하다.
   >>> _____

2) 학교는 환경이 (매우) 좋다.
   >>> _____

3) 그녀는 공부를 매우 열심히 한다.
   >>> _____

4) 아버지는 입맛이 (매우) 있으시다.
   >>> _____

5) 그녀는 키가 (매우) 크다.
   >>> _____

6) 이곳은 공기가 (매우) 신선하다.
   >>> _____

7) 그는 배가 (매우) 아프다.
   >>> _____

8) 회사는 상황이 (매우) 좋다.
   >>> _____

9) 이 라디오는 소리가 (매우) 좋다.
   >>> _____

10) 이 텔레비전은 모양이 (매우) 좋다.
    >>> _____

(2) 부정형

➡ 주술구의 술어 앞에 부정부사 「不」를 붙인다.

주어	술어			~는 ~이 ~하지 않다.
	(소)주어	不	(소)술어	
他 Tā	身体 shēntǐ	不 bù	健康 jiànkāng	그는 몸이 건강하지 않다.
学校 Xuéxiào	环境 huánjìng	不 bù	好 hǎo	학교는 환경이 좋지 않다.
她 Tā	学习 xuéxí	不 bù	认真 rènzhēn	그녀는 공부를 열심히 하지 않는다.
爸爸 Bàba	胃口 wèikǒu	不 bù	好 hǎo	아버지는 입맛이 없으시다.
她 Tā	个子 gèzi	不 bù	高 gāo	그녀는 키가 크지 않다.
这儿 Zhèr	空气 kōngqì	不 bù	新鲜 xīnxiān	이곳은 공기가 안 신선하지 않다.

확인학습 2

>>> 다음 문장을 중국어로 옮기시오.

1) 그는 몸이 건강하지 않다.
   >>> _____

2) 학교는 환경이 좋지 않다.
   >>> _____

3) 그녀는 공부를 열심히 하지 않는다.
   >>> _____

4) 아버지는 입맛이 없으시다.
   >>> _____

5) 그녀는 키가 크지 않다.
   >>> _____

6) 이곳은 공기가 신선하지 않다.
   >>> _____

7) 그는 배가 안 아프다.
   >>> _____

8) 회사는 상황이 좋지 않다.
   >>> _____

9) 이 라디오는 소리가 좋지 않다.
   >>> _____

10) 이 텔레비전은 모양이 좋지 않다.
    >>> _____

(3) 의문문

1) 시비의문문

➡ 평서문 끝에 어기조사 「吗」를 붙인다. 이때 주술구의 술어 앞에 「很」은 쓰지 않는다.

주어	술어		吗	~는 ~이 ~합니까?
	(소)주어	(소)술어		
他 Tā	身体 shēntǐ	健康 jiànkāng	吗 ma	그는 몸이 건강합니까?
学校 Xuéxiào	环境 huánjìng	好 hǎo	吗 ma	학교는 환경이 좋습니까?
她 Tā	学习 xuéxí	认真 rènzhēn	吗 ma	그녀는 공부를 열심히 합니까?
爸爸 Bàba	胃口 wèikǒu	好 hǎo	吗 ma	아버지는 입맛이 있으십니까?
她 Tā	个子 gèzi	高 gāo	吗 ma	그녀는 키가 큽니까?
这儿 Zhèr	空气 kōngqì	新鲜 xīnxiān	吗 ma	이곳은 공기가 신선합니까?

확인학습 3

>>> 다음 문장을 중국어로 옮기시오.

1) 그는 몸이 건강합니까?
   >>> _____

2) 학교는 환경이 좋습니까?
   >>> _____

3) 그녀는 공부를 열심히 합니까?
   >>> _____

4) 아버지는 입맛이 있으십니까?
   >>> _____

5) 그녀는 키가 큽니까?
   >>> _____

6) 이곳은 공기가 신선합니까?
   >>> _____

7) 그는 배가 아픕니까?
   >>> _____

8) 회사는 상황이 좋습니까?
   >>> _____

9) 이 라디오는 소리가 좋습니까?
   >>> _____

10) 이 텔레비전은 모양이 좋습니까?
    >>> _____

2) 정반의문문

➡ 주술구의 술어의 긍정형과 부정형을 나란히 쓴다. 이때 어기조사 「吗」는 붙이지 않는다.

주어	술어			~는 ~이 ~합니까 (안 ~합니까)?
	(소)주어	(소)술어		
		긍정	부정	
他 Tā	身体 shēntǐ	健康 jiànkāng	不健康 bù jiànkāng	그는 몸이 건강합니까 (안 건강합니까)?
学校 Xuéxiào	环境 huánjìng	好 hǎo	不好 bù hǎo	학교는 환경이 좋습니까 (안 좋습니까)?
她 Tā	学习 xuéxí	认真 rènzhēn	不认真 bù rènzhēn	그녀는 공부를 열심히 합니까 (안 합니까)?
爸爸 Bàba	胃口 wèikǒu	好 hǎo	不好 bù hǎo	아버지는 입맛이 있으십니까 (없으십니까)?
她 Tā	个子 gèzi	高 gāo	不高 bù gāo	그녀는 키가 큽니까 (안 큽니까)?
这儿 Zhèr	空气 kōngqì	新鲜 xīnxiān	不新鲜 bù xīnxiān	이곳은 공기가 신선합니까 (안 신선합니까)?

확인학습 4

>>> 다음 문장을 중국어로 옮기시오.

1) 그는 몸이 건강합니까 (안 건강합니까)?

   >>> _____

2) 학교는 환경이 좋습니까 (안 좋습니까)?

   >>> _____

3) 그녀는 공부를 열심히 합니까 (안 합니까)?

   >>> _____

4) 아버지는 입맛이 있으십니까 (없으십니까)?

   >>> _____

5) 그녀는 키가 큽니까 (안 큽니까)?

   >>> _____

6) 이곳은 공기가 신선합니까 (안 신선합니까)?

   >>> _____

7) 그는 배가 아픕니까 (안 아픕니까)?

   >>> _____

8) 회사는 상황이 좋습니까 (안 좋습니까)?

   >>> _____

9) 이 라디오는 소리가 좋습니까 (안 좋습니까)?

   >>> _____

10) 이 텔레비전은 모양이 좋습니까 (안 좋습니까)?

    >>> _____

3) 특지의문문

➡ 의문대명사 「怎么样」을 사용한다. 이때 어기조사 「吗」는 붙이지 않는다.

주어	술어		~는 ~이 ~어떻습니까?
	(소)주어	(소)술어	
他 Tā	身体 shēntǐ	怎么样 zěnmeyàng	그는 몸이 어떻습니까?
学校 Xuéxiào	环境 huánjìng	怎么样 zěnmeyàng	학교는 환경이 어떻습니까?
她 Tā	学习 xuéxí	怎么样 zěnmeyàng	그녀는 공부가 어떻습니까?
爸爸 Bàba	胃口 wèikǒu	怎么样 zěnmeyàng	아버지는 입맛이 어떻습니까?
她 Tā	个子 gèzi	怎么样 zěnmeyàng	그녀는 키가 어떻습니까?
这儿 Zhèr	空气 kōngqì	怎么样 zěnmeyàng	이곳은 공기가 어떻습니까?

확인학습 5

>>> 다음 문장을 중국어로 옮기시오.

1) 그는 몸이 어떻습니까?
   >>> _____

2) 학교는 환경이 어떻습니까?
   >>> _____

3) 그녀는 공부가 어떻습니까?
   >>> _____

4) 아버지는 입맛이 어떻습니까?
   >>> _____

5) 그녀는 키가 어떻습니까?
   >>> _____

6) 이곳은 공기가 어떻습니까?
   >>> _____

7) 그는 배가 어떻습니까?
   >>> _____

8) 회사는 상황이 어떻습니까?
   >>> _____

9) 이 라디오는 소리가 어떻습니까?
   >>> _____

10) 이 텔레비전은 모양이 어떻습니까?
   >>> _____

제8과 주술술어문

 **연습문제**

1. 다음 문장을 해석하시오.

   1) 他身体很健康。

      ≫ _____

   2) 学校环境很好。

      ≫ _____

   3) 她学习很认真。

      ≫ _____

   4) 爸爸胃口很好。

      ≫ _____

   5) 她个子很高。

      ≫ _____

   6) 这儿空气很新鲜。

      ≫ _____

   7) 他身体不健康。

      ≫ _____

   8) 学校环境不好。

      ≫ _____

   9) 她学习不认真。

      ≫ _____

10) 爸爸胃口不好。
   》 _____

11) 她个子不高。
   》 _____

12) 这儿空气不新鲜。
   》 _____

13) 他身体健康吗?
   》 _____

14) 学校环境好吗?
   》 _____

15) 她学习认真吗?
   》 _____

16) 爸爸胃口好吗?
   》 _____

17) 她个子高吗?
   》 _____

18) 这儿空气新鲜吗?
   》 _____

19) 他身体健康不健康?
   》 _____

20) 学校环境好不好?
   》 _____

21) 她学习认真不认真?
   》 _____

22) 爸爸胃口好不好?

>>> _____

23) 她个子高不高?

>>> _____

24) 这儿空气新鲜不新鲜?

>>> _____

25) 他身体怎么样?

>>> _____

26) 学校环境怎么样?

>>> _____

27) 她学习怎么样?

>>> _____

28) 爸爸胃口怎么样?

>>> _____

29) 她个子怎么样?

>>> _____

30) 这儿空气怎么样?

>>> _____

2. 다음 문장을 부정문으로 바꾸시오.

1) 他身体很健康。

>>> _____

2) 学校环境很好。

>>> _____

3) 她学习很认真。
   >>> _____

4) 爸爸胃口很好。
   >>> _____

5) 她个子很高。
   >>> _____

6) 这儿空气很新鲜。
   >>> _____

7) 他肚子很疼。
   >>> _____

8) 公司情况很好。
   >>> _____

9) 这台收音机声音很好听。
   >>> _____

10) 这台电视样子很好看。
    >>> _____

3. 다음 문장을 긍정문으로 바꾸시오.

1) 他身体不健康。
   >>> _____

2) 学校环境不好。
   >>> _____

3) 她学习不认真。
   >>> _____

제8과 주술술어문

4) 爸爸胃口不好。

   »» _____

5) 她个子不高。

   »» _____

6) 这儿空气不新鲜。

   »» _____

7) 他肚子不疼。

   »» _____

8) 公司情况不好。

   »» _____

9) 这台收音机声音不好听。

   »» _____

10) 这台电视样子不好看。

   »» _____

4. 다음 문장을 의문문으로 바꾸시오.

1) 他身体很健康。(시비의문문)

   »» _____

2) 学校环境很好。(정반의문문)

   »» _____

3) 她学习很认真。(특지의문문)

   »» _____

4) 爸爸胃口很好。(시비의문문)

   »» _____

5) 她个子很高。(정반의문문)

    》 _____

6) 这儿空气很新鲜。(시비의문문)

    》 _____

7) 他肚子很疼。(정반의문문)

    》 _____

8) 公司情况很好。(특지의문문)

    》 _____

9) 这台收音机声音很好听。(시비의문문)

    》 _____

10) 这台电视样子很好看。(정반의문문)

    》 _____

5. 괄호 안의 단어를 선택하여 아래 문장을 중국어로 옮기시오.

1) 할아버지 건강은 아직 괜찮다.

    (奶奶 / 还 / 健康 / 好 / 的 / 爷爷)

    》 _____

2) 언니(누나)는 키가 크다.

    (姐姐 / 个子 / 大 / 高 / 很 / 的)

    》 _____

3) 당신은 몸이 불편합니까?

    (身体 / 你 / 好 / 吗 / 不)

    》 _____

4) 우리 할머니는 건강이 아주 좋으시다.

   (我 / 身体 / 好 / 很 / 奶奶)

   》 _____

5) 우리 학교는 여학생이 많다.

   (我们学校 / 女学生 / 多 / 不 / 很)

   》 _____

6) 박선생님은 머리가 길다.

   (朴老师 / 不 / 很 / 长 / 头发)

   》 _____

7) 나는 머리가 아프다.

   (很 / 疼 / 我 / 头)

   》 _____

8) 제주도는 공기가 아주 좋다.

   (很 / 空气 / 济州岛 / 好)

   》 _____

9) 그녀는 키가 1m 75cm이다.

   (米 / 七 / 五 / 个子 / 七十五 / 体重 / 她 / 公斤 / 一)

   》 _____

10) 남경은 공기가 그다지 좋지 않다.

    (是 / 南京 / 太 / 空气 / 不 / 好)

    》 _____

6. 다음을 중국어로 옮기시오.

1) 너희 부모님은 건강이 어떠시니?

》 _____

2) 그 공장은 젊은이가 많다.

》 _____

3) 그는 이가 아프다.

》 _____

4) 그 학교는 여자 선생님이 많지 않다.

》 _____

5) 오늘은 날씨가 춥다.

》 _____

6) 언니(누나)는 몸이 안 좋다.

》 _____

7) 이 옷은 색깔이 그다지 예쁘지 않다.

》 _____

8) 당신은 식욕이 어떻습니까?

》 _____

9) 당신 외할머니는 건강이 좋으십니까 (안 좋으십니까)?

》 _____

10) 우리들은 생활이 그다지 익숙하지 못하다.

》 _____

제8과 주술술어문

7. 다음 중 어순에 맞는 문장을 고르시오.

1) ① 他身高一米八五。　　② 八五高一米他身。
　 ③ 身高他一米八五。　　④ 身高一米八五他。

2) ① 胃外公好吗?　　② 外公好吗胃?
　 ③ 外公胃好吗?　　④ 外公吗胃好?

3) ① 眼睛你好不好?　　② 好不好眼睛你?
　 ③ 眼睛好不好你?　　④ 你眼睛好不好?

4) ① 工作很忙他。　　② 很忙他工作。
　 ③ 工作他很忙。　　④ 他工作很忙。

5) ① 姐姐不长头发。　　② 姐姐头发不长。
　 ③ 头发姐姐不长。　　④ 头发不长姐姐。

6) ① 妹妹大不大眼睛?　　② 眼睛妹妹大不大?
　 ③ 眼睛大不大妹妹?　　④ 妹妹眼睛大不大?

MEMO

제9과

이중목적어구문

단어

- 朋友 péngyou　친구
- 姐姐 jiějie　언니, 누나
- 老 lǎo　성씨 앞에 쓰여 친근감이나 존중의 뜻을 나타냄
- 小 xiǎo　군, 양[성이나 이름 앞에 붙여, 자신보다 어린 사람에 대한 친근함을 나타냄]
- 王 Wáng　왕[姓]
- 老师 lǎoshī　선생님
- 他 tā　그
- 服务员 fúwùyuán　(서비스업의) 종업원, 웨이터, 승무원, 접대원
- 妹妹 mèimei　여동생
- 职员 zhíyuán　직원, 사무원
- 李 Lǐ　이[姓]
- 管理员 guǎnlǐyuán　관리인, 관리 직원
- 给 gěi　주다
- 送 sòng　주다, 선사하다
- 借 jiè　빌려주다
- 还 huán　돌려주다
- 找 zhǎo　거슬러 주다, 찾다
- 教 jiāo　가르치다
- 问 wèn　묻다
- 告诉 gàosu　알리다

☐	通知 tōngzhī	통지하다
☐	我们 wǒmen	우리(들)
☐	我 wǒ	나
☐	妈妈 māma	엄마, 어머니
☐	他 tā	그
☐	张 zhāng	장[종이나 가죽 등을 세는 단위]
☐	电影 diànyǐng	영화
☐	票 piào	표
☐	件 jiàn	(총체 중에서 하나하나 셀 수 있는) 일·사건·개체 등의 수량 단위 건, 개[일부 하나하나르 셀 수 있는 물건을 세는 단위]
☐	毛衣 máoyī	털옷, 스웨터
☐	本 běn	권[책을 세는 단위]
☐	小说 xiǎoshuō	소설(책)
☐	三百 sānbǎi	삼백, 300
☐	块 kuài	중국의 화폐 단위['圆, 元'에 해당함]
☐	钱 qián	돈, 화폐
☐	汉语 Hànyǔ	중국어, 한어
☐	问题 wèntí	(해답·해석 등을 요구하는) 문제
☐	好 hǎo	좋다
☐	消息 xiāoxi	소식
☐	事儿 shìr	일, 사정
☐	去 qù	가다
☐	哪儿 nǎr	어디, 어느 곳

☐	哪 nǎ	어느
☐	办法 bànfǎ	방법, 수단, 방식, 조치, 방책, 술책
☐	今天 jīntiān	오늘
☐	停电 tíngdiàn	정전되다, 전력 공급이 중단되다, 단전되다
☐	哥哥 gēge	오빠, 형
☐	机票 jīpiào	비행기표, 항공권
☐	留学生 liúxuéshēng	유학생
☐	太极拳 tàijíquán	태극권
☐	女朋友 nǚpéngyou	여자 친구
☐	花 huā	꽃
☐	束 shù	묶음, 다발, 단
☐	礼物 lǐwù	선물, 예물
☐	书 shū	책
☐	学生 xuésheng	학생
☐	日语 Rìyǔ	일본어
☐	铅笔 qiānbǐ	연필
☐	支 zhī	자루, 개피[막대 모양의 물건을 세는 단위]
☐	奶奶 nǎinai	할머니
☐	电话号码 diànhuàhàomǎ	전화번호
☐	生日 shēngrì	생일
☐	数学 shùxué	수학
☐	书 shū	책
☐	照相机 zhàoxiàngjī	카메라, 사진기
☐	爷爷 yéye	할아버지, 조부

手表 shǒubiǎo	손목시계
块 kuài	덩어리, 조각[덩어리 또는 조각 모양의 물건을 세는 단위]
秘密 mìmì	비밀
司机 sījī	기관사, 운전사, 조종사
零钱 língqián	잔돈
鞋子 xiézi	신발, 구두
双 shuāng	짝, 켤레, 쌍[짝을 이루고 있는 것을 세는 단위]

> **이중목적어문**
>
> 동사 하나가 동시에 두 개의 목적어를 갖는 문장
> * 이중목적어를 취할 수 있는 동사로는
>   **教, 给, 送, 借, 还, 找, 问, 告诉, 通知** 등이 있다.
> * 借, 找의 경우, 직접목적어는 반드시 출현해야 하지만 간접목적어는 생략할 수도 있다.

(1) 긍정형

➡ 기본 구조는 「주어 + 동사 + 목적어₁ + 목적어₂」이다. 이때 목적어₁(간접목적어)에는 주로 대상이 오고, 목적어₂(직접목적어)에는 주로 사물, 내용, 행위를 나타내는 어휘가 온다.

주어	동사	목적어₁ (간접목적어 /대상)	목적어₂ (직접목적어 /사물)	~가 ~에게 ~을 ~하다.
朋友 Péngyou	给 gěi	我 wǒ	一张电影票 yī zhāng diànyǐngpiào	친구가 나에게 영화표 한 장을 준다.
姐姐 Jiějie	送 sòng	妈妈 māma	一件毛衣 yī jiàn máoyī	언니(누나)가 어머니께 스웨터 한 벌을 선물한다.
小王 Xiǎo Wáng	借 jiè	我 wǒ	一本小说 yī běn xiǎoshuō	샤오왕이 나에게 소설책 한 권을 빌린다.
他 Tā	还 huán	我 wǒ	三百块 sānbǎi kuài	그가 나에게 300원을 돌려준다.

제9과 이중목적어구문

주어	동사	목적어1 (간접목적어/대상)	목적어2 (직접목적어/내용)	~가 ~에게 ~을 ~하다.
服务员 Fúwùyuán	找 zhǎo	他 tā	三块(钱) sān kuài(qián)	종업원이 그에게 3원을 거슬러 준다.
王老师 Wáng lǎoshī	教 jiāo	我们 wǒmen	汉语 Hànyǔ	왕선생님은 우리에게 중국어를 가르치신다.
妹妹 Mèimei	问 wèn	姐姐 jiějie	一个问题 yī ge wèntí	여동생이 언니에게 문제 하나를 묻는다.
老师 Lǎoshī	告诉 gàosu	我们 wǒmen	一个好消息 yī ge hǎo xiāoxi	선생님이 우리에게 좋은 소식 하나를 알려주신다.
职员 Zhíyuán	通知 tōngzhī	我们 wǒmen	一件事儿 yī jiàn shìr	직원이 우리에게 한 가지 업무를 통지한다.

주어	동사	목적어1 (간접목적어/대상)	목적어2 (직접목적어/행위)	~가 ~에게 ~을 ~하다.
小王 Xiǎo Wáng	问 wèn	她 tā	去哪儿 qù nǎr	샤오왕이 그녀에게 어디 가는지를 묻는다.
老李 Lǎo Lǐ	问 wèn	我 wǒ	哪个办法好 nǎ ge bànfǎ hǎo	라오리가 나에게 어느 방법이 좋은지를 묻는다.
管理员 Guǎnlǐyuán	告诉 gàosu	我们 wǒmen	今天停电 jīntiān tíngdiàn	관리원이 우리들에게 내일 정전이라고 알려준다.

확인학습 1

>>> 다음 문장을 중국어로 옮기시오.

1) 친구가 나에게 영화표 한 장을 준다.
   >>> _____

2) 언니(누나)가 어머니께 스웨터 한 벌을 선물한다.
   >>> _____

3) 샤오왕이 나에게 소설책 한 권을 빌린다.
   >>> _____

4) 그가 나에게 300원을 돌려준다.
   >>> _____

5) 종업원이 그에게 3원을 거슬러 준다.
   >>> _____

6) 왕선생님은 우리에게 중국어를 가르치신다.
   >>> _____

7) 여동생이 언니에게 문제 하나를 묻는다.
   >>> _____

8) 선생님이 우리에게 좋은 소식 하나를 알려주신다.
   >>> _____

9) 직원이 우리에게 한 가지 업무를 통지한다.
   >>> _____

10) 샤오왕이 그녀에게 어디 가는지를 묻는다.
    >>> _____

11) 라오리가 나에게 어느 방법이 좋은지를 묻는다.

　》》 _____

12) 관리원이 우리들에게 내일 정전이라고 알려준다.

　》》 _____

13) 오빠가(형이) 우리에게 비행기표 두 장을 준다.

　》》 _____

14) 왕선생님은 유학생에게 태극권을 가르치신다.

　》》 _____

15) 그는 여자 친구에게 꽃 한 다발을 선물한다.

　》》 _____

 **연습문제**

1. 다음 문장을 해석하시오.

1) 朋友给我一张电影票。

   》 _____

2) 姐姐送妈妈一件毛衣。

   》 _____

3) 小王借我一本小说。

   》 _____

4) 他还我三百块。

   》 _____

5) 服务员找他三块(钱)。

   》 _____

6) 王老师教我们汉语。

   》 _____

7) 妹妹问姐姐一个问题。

   》 _____

8) 老师告诉我们一个好消息。

   》 _____

9) 职员通知我们一件事儿。

   》 _____

10) 小王问她去哪儿。

　　》_____

11) 老李问我哪个办法好。

　　》_____

12) 管理员告诉我们今天停电。

　　》_____

2. 괄호 안의 단어를 선택해서 아래 문장을 중국어로 옮기시오.

1) 오빠가(형이) 나에게 선물을 준다.

　　(哥哥 / 我 / 借 / 教 / 送 / 礼物 / 给 / 一件)

　　》_____

2) 나는 친구에게 책을 돌려준다.

　　(一本 / 朋友 / 我 / 书 / 还 / 交 / 给 / 借)

　　》_____

3) 그는 학생에게 일어를 가르친다.

　　(他 / 学生 / 交 / 教 / 日语 / 给 / 找)

　　》_____

4) 어머니는 나에게 돈을 주지 않으신다.

　　(妈妈 / 给 / 钱 / 我 / 不)

　　》_____

5) 오빠는(형은) 나에게 소설책을 빌려주지 않는다.

　　(哥哥 / 给 / 不 / 我 / 小说 / 借)

　　》_____

6) 남자 친구는 나에게 꽃을 보내지 않는다.

   (男朋友 / 我 / 花 / 给 / 不 / 送)

   ≫ _____

7) 그녀가 나에게 좋은 소식 하나를 알려준다.

   (她 / 我 / 好 / 消息 / 给 / 交 / 告诉 / 的 / 一个)

   ≫ _____

8) 오빠가(형이) 나에게 연필 한 자루를 선물한다.

   (一 / 支 / 铅笔 / 哥哥 / 送 / 我)

   ≫ _____

9) 종업원이 나에게 10원을 거슬러 준다.

   (服务员 / 我 / 十块 / 钱 / 找)

   ≫ _____

10) 언니(누나)가 할머니께 스웨터 한 벌을 선물한다.

    (奶奶 / 毛衣 / 姐姐 / 一件 / 送)

    ≫ _____

3. 다음을 중국어로 옮기시오.

1) 그녀가 나에게 전화번호를 알려준다.

   ≫ _____

2) 어머니가 남동생에게 생일 선물을 주신다.

   ≫ _____

3) 이선생님은 우리에게 수학을 가르치신다.

   ≫ _____

4) 종업원이 나에게 2.45원을 거슬러 준다.

    》》 _____

5) 언니(누나)는 아버지께 책 한 권을 선물한다.

    》》 _____

6) 나는 그에게 카메라를 빌린다.

    》》 _____

7) 언니(누나)는 할아버지께 손목시계를 선물한다.

    》》 _____

8) 오빠가(형이) 우리에게 비밀을 알려준다.

    》》 _____

9) 기사님이 그녀에게 잔돈을 거슬러 준다.

    》》 _____

10) 그녀는 남동생에게 신발을 선물한다.

    》》 _____

 MEMO

제10과

연동문

단어

- 弟弟 dìdi　　　아우, 남동생
- 她 tā　　　그녀
- 他 tā　　　그
- 姐姐 jiějie　　　언니, 누나
- 我们 wǒmen　　　우리(들)
- 取 qǔ　　　가지다, 취하다, 찾다
- 钱 qián　　　화폐, 재물, 돈
- 上车 shàngchē　　　(차·기차 따위에) 타다, 오르다
- 去 qù　　　가다
- 听 tīng　　　듣다
- 讲座 jiǎngzuò　　　강좌
- 来 lái　　　오다
- 超市 chāoshì　　　슈퍼마켓[超级市场의 약칭]
- 东西 dōngxi　　　(구체적인 혹은 추상적인) 것, 물건, 사물, 물품
- 教室 jiàoshì　　　교실
- 邮局 yóujú　　　우체국
- 信 xìn　　　편지, 서신, 서한
- 寄 jì　　　(우편으로) 부치다, 보내다, 우송하다, 송달하다
- 旅行社 lǚxíngshè　　　여행사
- 机票 jīpiào　　　비행기표, 항공권
- 银行 yínháng　　　은행
- 哥哥 gēge　　　오빠, 형

제10과 연동문

- 健身房 jiànshēnfáng 헬스클럽
- 锻炼 duànliàn (몸을) 단련하다
- 身体 shēntǐ 몸, 신체, 건강
- 上课 shàngkè 수업을 듣다, 강의를 듣다, 수업하다, 강의하다
- 出来 chūlai (안에서 밖으로) 나오다
- 开门 kāimén 문을 열다
- 买 mǎi 사다, 매입하다, 구매하다
- 衣服 yīfu 옷, 의복
- 票 piào 표, 티켓(ticket)
- 图书馆 túshūguǎn 도서관
- 借 jiè 빌리다, 빌려 주다
- 书 shū 책
- 百货商店 bǎihuòshāngdiàn 백화점
- 咖啡馆 kāfēiguǎn 커피숍, 카페(cafe)
- 见 jiàn 보(이)다, 마주치다, 만나다
- 朋友 péngyou 친구, 벗
- 医院 yīyuàn 병원
- 看病 kànbìng (의사가) 진찰하다, 진료하다, 치료하다. (의사에게) 진찰을[치료를] 받다
- 总经理 zǒngjīnglǐ (기업의) 총지배인, 최고 책임자, 최고 경영자
- 首尔 Shǒu'ěr 서울
- 开会 kāihuì 회의를 열다, 회의를 하다
- 韩国 Hánguó 대한민국, 한국
- 讲学 jiǎngxué 학술 강연을 하다
- 王 Wáng 왕[姓]
- 教授 jiàoshòu 교수

☐	做 zuò	하다, 종사하다, 만들다, 제작하다
☐	生意 shēngyi	장사, 영업, 사업, 비즈니스(business), 거래
☐	买卖 mǎimai	사업, 장사, 교역, 매매, 거래
☐	检查 jiǎnchá	검사하다, 점검하다, 조사하다
☐	用 yòng	쓰다, 사용하다
☐	汉语 Hànyǔ	중국어, 한어
☐	谈话 tánhuà	이야기하다
☐	电脑 diànnǎo	컴퓨터
☐	写 xiě	(글씨를) 쓰다
☐	文章 wénzhāng	독립된 한 편의 글, 문장, 글월
☐	筷子 kuàizi	젓가락
☐	吃 chī	먹다
☐	饭 fàn	밥
☐	坐 zuò	앉다, (교통 도구를) 타다
☐	骑 qí	(동물이나 자전거 등에) 타다
☐	飞机 fēijī	비행기, 항공기
☐	自行车 zìxíngchē	자전거
☐	上班 shàngbān	출근하다
☐	北京 Běijīng	북경, 베이징
☐	火车 huǒchē	기차, 열차
☐	上海 Shànghǎi	상해, 상하이
☐	左手 zuǒshǒu	왼손
☐	出租车 chūzūchē	택시
☐	仁川 Rénchuān	인천
☐	机场 jīchǎng	공항, 비행장
☐	开车 kāichē	운전하다, 차를 몰다

제10과 연동문

- 铅笔 qiānbǐ — 연필
- 画 huà — (그림을) 그리다
- 画儿 huàr — 그림
- 看 kàn — 보다
- 电视剧 diànshìjù — 텔레비전 드라마
- 交 jiāo — 서로 연락하다, 왕래하다, 사귀다, 교제하다, 사귀다
- 男朋友 nánpéngyou — 남자 친구, (여성의) 남자 애인
- 有 yǒu — 있다
- 机会 jīhuì — 기회, 시기, 찬스
- 说 shuō — 말하다, 이야기하다
- 妈妈 māma — 엄마, 어머니
- 喝 hē — 마시다
- 咖啡 kāfēi — 커피
- 不 bù — (동사·형용사 또는 기타 부사 앞에서) 부정(否定)을 나타냄
- 没有 méiyǒu — …이 없다
- 电影 diànyǐng — 영화
- 要 yào — …하려고 하다
- 支 zhī — 자루, 개피[막대 모양의 물건을 세는 단위]
- 钢笔 gāngbǐ — 펜, 만년필
- 送 sòng — 배웅하다, 보내다, 주다, 선물하다
- 想 xiǎng — …하고 싶다
- 水果 shuǐguǒ — 과일, 과실
- 穿 chuān — 입다
- 手机 shǒujī — 휴대폰
- 会议 huìyì — 회의

时间 shíjiān	시간
参加 cānjiā	참가하다
打工 dǎgōng	아르바이트하다, 일하다, 노동하다
旅行 lǚxíng	여행하다
饭店 fàndiàn	호텔
餐厅 cāntīng	식당
下班 xiàbān	퇴근하다
酒 jiǔ	술
书店 shūdiàn	서점, 책방
欧洲 Ōuzhōu	유럽
京剧 jīngjù	경극
洗 xǐ	씻다
得 děi	…해야(만) 한다
音乐 yīnyuè	음악
香港 Xiānggǎng	홍콩
摩托车 mótuōchē	오토바이
百科全书 bǎikēquánshū	백과사전, 백과전서
开车 kāichē	운전하다
包裹 bāoguǒ	소포
船 chuán	배
作业 zuòyè	숙제, 과제, 작업을 하다
作 zuò	일하다, 만들다, 생산하다
圆珠笔 yuánzhūbǐ	볼펜
名字 míngzi	이름

제10과 연동문

> **연동문**
>
> 두 개 이상의 동사 또는 동사구가
> 동일한 하나의 주어를 설명하는 문장
> * 동사 사이의 의미관계에 따라
> 동작의 선후 순서, 목적관계, 수단(방식)관계, 특수관계로 나뉜다.

(1) 동작의 선후 순서

▶ 기본 구조는 「주어 + 동사₁ + (목적어₁) + 동사₂ + (목적어₂)」이다. 이때 목적어는 생략할 수 있다.

주어	동사₁	(목적어₁)	동사₂	(목적어₂)	~는 ~해서(하고) ~한다.
弟弟 Dìdi	出来 chūlai		开 kāi	门 mén	남동생이 나와서 문을 연다.
他 Tā	取 qǔ	钱 qián	买 mǎi	衣服 yīfu	그는 돈을 인출해서 옷을 산다.
她 Tā	上车 shàngchē		买 mǎi	票 piào	그녀는 승차해서 표를 산다.
她 Tā	去 qù		听 tīng	讲座 jiǎngzuò	그녀는 가서 강좌를 듣는다.
姐姐 Jiějie	去 qù	超市 chāoshì	买 mǎi	东西 dōngxi	언니(누나)는 슈퍼에 가서 물건을 산다.
我们 Wǒmen	去 qù	教室 jiàoshì	上 shàng	课 kè	우리는 교실에 가서 수업을 듣는다.

확인학습 1

>>> 다음 문장을 중국어로 옮기시오.

1) 남동생이 나와서 문을 연다.
   >>> _____

2) 그는 돈을 인출해서 옷을 산다.
   >>> _____

3) 그녀는 승차해서 표를 산다.
   >>> _____

4) 그녀는 가서 강좌를 듣는다.
   >>> _____

5) 언니(누나)는 슈퍼에 가서 물건을 산다.
   >>> _____

6) 우리는 교실에 가서 수업을 듣는다.
   >>> _____

7) 샤오왕은 우체국에 가서 편지를 부친다.
   >>> _____

8) 그는 여행사에 가서 비행기표를 산다.
   >>> _____

9) 언니(누나)는 은행에 가서 돈을 찾는다.
   >>> _____

10) 오빠는(형은) 헬스클럽에 가서 몸을 단련한다.
    >>> _____

(2) 목적관계

➡ 기본 구조는「주어 + 동사₁ (+ 목적어₁) + 동사₂ (+ 목적어₂)」이다. 이때 목적어는 생략할 수도 있다. 목적관계의 경우, 동사₁은 주로「来, 去」로 충당되며, 동사₂가 동사₁의 목적을 나타낸다.

주어	동사₁ 来/去	(목적어₁)	동사₂	(목적어₂)	~는 ~을 하러 ~에 간다(온다).
我 Wǒ	去 qù	图书馆 túshūguǎn	借 jiè	书 shū	나는 책을 빌리러 도서관에 간다.
他 Tā	去 qù	百货商店 bǎihuò shāngdiàn	买 mǎi	衣服 yīfu	그는 옷을 사러 백화점에 간다.
她 Tā	去 qù	咖啡馆 kāfēiguǎn	见 jiàn	朋友 péngyou	그녀는 친구를 만나러 커피숍에 간다.
老师 Lǎoshī	去 qù	医院 yīyuàn	看病 kànbìng		선생님은 진찰을 받으러 병원에 가신다.
总经理 Zǒngjīnglǐ	来 lái	首尔 Shǒu'ěr	开会 kāihuì		사장님은 회의하러 서울에 오신다.
王教授 Wángjiàoshòu	来 lái	韩国 Hánguó	讲学 jiǎngxué		왕교수님은 강의하러 한국에 오신다.

확인학습 2

>>> 다음 문장을 중국어로 옮기시오.

1) 나는 책을 빌리러 도서관에 간다.
   >>> _____

2) 그는 옷을 사러 백화점에 간다.
   >>> _____

3) 그녀는 친구를 만나러 커피숍에 간다.
   >>> _____

4) 선생님은 진찰을 받으러 병원에 가신다.
   >>> _____

5) 사장님은 회의하러 서울에 오신다.
   >>> _____

6) 왕교수님은 강의하러 한국에 오신다.
   >>> _____

7) 그녀는 중국어를 배우러 중국에 간다.
   >>> _____

8) 여동생은 책을 사러 서점에 간다.
   >>> _____

9) 아버지는 신체검사를 하러 병원에 가신다.
   >>> _____

10) 오빠는(형은) 사업을 하러 북경에 간다.
    >>> _____

(3) 수단(방식)관계

➡ 기본 구조는 「주어 + 동사₁ + 목적어₁ + 동사₂ + 목적어₂」이다. 이때 목적어₁은 생략할 수 없다. 수단(방식)관계의 경우, 동사₁이 동사₂의 수단(방식)을 나타낸다.

주어	동사₁	목적어₁	동사₂	목적어₂	~는 ~을 사용해서(타고) ~을 한다.
我 Wǒ	用 yòng	电脑 diànnǎo	写 xiě	文章 wénzhāng	나는 컴퓨터를 사용해서 글을 쓴다.
他 Tā	用 yòng	筷子 kuàizi	吃 chī	饭 fàn	그는 젓가락을 사용해서 밥을 먹는다.
我们 Wǒmen	用 yòng	汉语 Hànyǔ	谈 tán	话 huà	우리는 중국어로 대화한다.
她 Tā	坐 zuò	飞机 fēijī	来 lái	北京 Běijīng	그는 비행기를 타고 북경에 온다.
他 Tā	坐 zuò	火车 huǒchē	去 qù	上海 Shànghǎi	그는 기차를 타고 상해에 간다.
老师 Lǎoshī	骑 qí	自行车 zìxíngchē	上 shàng	班 bān	선생님은 자전거를 타고 출근하신다.

확인학습 3

>>> 다음 문장을 중국어로 옮기시오.

1) 나는 컴퓨터를 사용해서 글을 쓴다.

   >>> _____

2) 그는 젓가락을 사용해서 밥을 먹는다.

   >>> _____

3) 우리는 중국어로 대화한다.

   >>> _____

4) 그는 비행기를 타고 북경에 온다.

   >>> _____

5) 그는 기차를 타고 상해에 간다.

   >>> _____

6) 선생님은 자전거를 타고 출근하신다.

   >>> _____

7) 샤오왕은 왼손으로 밥을 먹는다.

   >>> _____

8) 나는 택시를 타고 인천공항에 간다.

   >>> _____

9) 그는 차를 몰고 출근한다.

   >>> _____

10) 그녀는 연필로 그림을 그린다.

    >>> _____

(4) 특수관계

▶ 기본 구조는 「주어 + 동사₁ + 목적어₁ + 동사₂ + 목적어₂」이다. 이때 목적어₁은 생략할 수 없다. 특수관계의 경우, 동사₁이 주로 「有」로 충당된다.

주어	동사₁	목적어₁	동사₂	목적어₂	~는 ~을 ~할 ~이 있다.
我 Wǒ	有 yǒu	钱 qián	买 mǎi	电脑 diànnǎo	나는 컴퓨터를 살 돈이 있다.
他 Tā	有 yǒu	时间 shíjiān	去 qù	北京 Běijīng	그는 북경에 갈 시간이 있다.
我们 Wǒmen	有 yǒu	机会 jīhuì	说 shuō	汉语 Hànyǔ	우리는 중국어를 할 기회가 있다.
我 Wǒ	有 yǒu	时间 shíjiān	看 kàn	电视剧 diànshìjù	나는 연속극을 볼 시간이 있다.
她 Tā	有 yǒu	时间 shíjiān	交 jiāo	男朋友 nánpéngyou	그녀는 남자 친구를 사귈 시간이 있다.
妈妈 Māma	有 yǒu	时间 shíjiān	喝 hē	咖啡 kāfēi	어머니는 커피를 마실 시간이 있다.

확인학습 4

》》》 다음 문장을 중국어로 옮기시오.

1) 나는 컴퓨터를 살 돈이 있다.

   》》 _____

2) 그는 북경에 갈 시간이 있다.

   》》 _____

3) 우리는 중국어를 할 기회가 있다.

   》》 _____

4) 나는 연속극을 볼 시간이 있다.

   》》 _____

5) 그녀는 남자 친구를 사귈 시간이 있다.

   》》 _____

6) 어머니는 커피를 마실 시간이 있다.

   》》 _____

7) 언니(누나)는 영화를 볼 시간이 있다.

   》》 _____

8) 나는 옷을 살 돈이 있다.

   》》 _____

9) 나는 회의에 참가할 시간이 있다.

   》》 _____

10) 그는 중국에 갈 기회가 있다.

    》》 _____

심화학습

➡ 각종 부사나 조동사는 일반적으로 동사₁ 앞에 놓는다.

주어	부사/조동사	동사₁	목적어₁	동사₂	목적어₂	~는 ~을 하러 (~에) 가지(오지) 않는다.
我 Wǒ	不 bù	去 qù		看 kàn	电影 diànnǎo	나는 영화를 보러 가지 않는다.
他 Tā	不 bù	来 lái		上 shàng	课 kè	그는 수업하러 오지 않는다.
我 Wǒ	没 méi	有 yǒu	钱 qián	买 mǎi	电脑 diànnǎo	나는 컴퓨터를 살 돈이 없다.
他 Tā	没 méi	有 yǒu	时间 shíjiān	看 kàn	电视剧 diànshìjù	그는 연속극을 볼 시간이 없다.
她 Tā	要 yào	买 mǎi	(支)钢笔 (zhī) gāngbǐ	送 sòng	朋友 péngyou	그녀는 만년필 한 자루를 사서 친구에게 주려고 한다.
我 Wǒ	想 xiǎng	买 mǎi	水果 shuǐguǒ	吃 chī		나는 과일을 사서 먹을 생각이다.

확인학습 5

>>> 다음 문장을 중국어로 옮기시오.

1) 나는 영화를 보러 가지 않는다.

   >>> _____

2) 그는 수업하러 오지 않는다.

   >>> _____

3) 나는 컴퓨터를 살 돈이 없다.

   >>> _____

4) 그는 연속극을 볼 시간이 없다.

   >>> _____

5) 그녀는 만년필 한 자루를 사서 친구에게 주려고 한다.

   >>> _____

6) 나는 과일을 사서 먹을 생각이다.

   >>> _____

7) 나는 입을 옷이 없다.

   >>> _____

8) 나는 회의에 참가할 시간이 없다.

   >>> _____

9) 나는 휴대폰을 살 돈이 없다.

   >>> _____

10) 언니(누나)는 아르바이트를 할 시간이 없다.

    >>> _____

제10과 연동문

연습문제

1. 다음 문장을 해석하시오.

   1) 弟弟出来开门。

      》 _____

   2) 他取钱买衣服。

      》 _____

   3) 她上车买票。

      》 _____

   4) 她去听讲座。

      》 _____

   5) 姐姐去超市买东西。

      》 _____

   6) 我们去教室上课。

      》 _____

   7) 我去图书馆借书。

      》 _____

   8) 他去百货商店买衣服。

      》 _____

   9) 她去咖啡馆见朋友。

      》 _____

10) 老师去医院看病。

    》 _____

11) 总经理来首尔开会。

    》 _____

12) 王教授来韩国讲学。

    》 _____

13) 我用电脑写文章。

    》 _____

14) 他用筷子吃饭。

    》 _____

15) 我们用汉语谈话。

    》 _____

16) 她坐飞机来北京。

    》 _____

17) 他坐火车去上海。

    》 _____

18) 老师骑自行车上班。

    》 _____

19) 我有钱买电脑。

    》 _____

20) 他有时间去北京。

    》 _____

21) 我们有机会说汉语。

    》 _____

22) 我有时间看电视剧。
   》 _____

23) 她有时间交男朋友。
   》 _____

24) 妈妈有时间喝咖啡。
   》 _____

25) 我不去看电影。
   》 _____

26) 他不来上课。
   》 _____

27) 我没有钱买电脑。
   》 _____

28) 他没有时间看电视剧。
   》 _____

29) 她要买(支)钢笔送朋友。
   》 _____

30) 我想买水果吃。
   》 _____

2. 괄호 안의 단어를 선택하여 아래 문장을 중국어로 옮기시오.

1) 나는 놀러 갈 시간이 없다.
   (我 / 时间 / 有 / 玩儿 / 不 / 去 / 没 / 走)
   》 _____

2) 그는 식사하러 식당에 간다.

(他 / 吃 / 去 / 饭 / 餐厅 / 走)

》 _____

3) 그는 퇴근하고 술을 마신다.

(他 / 上 / 下 / 班 / 喝 / 酒)

》 _____

4) 그녀는 친구를 만나러 서점에 간다.

(书店 / 她 / 朋友 / 交 / 看 / 走 / 见 / 去)

》 _____

5) 나는 유럽에 갈 계획이 있다.

(我 / 不 / 欧洲 / 有 / 去 / 走 / 计划 / 没)

》 _____

6) 그들은 모두 경극을 보러 간다.

(他们 / 京剧 / 去 / 都 / 她们 / 走 / 看)

》 _____

7) 너희들은 손을 씻고 식사를 해야 한다.

(你们 / 洗 / 手 / 得 / 吃 / 饭)

》 _____

8) 언니(누나)는 음악을 들을 시간이 없다.

(姐姐 / 听 / 有 / 时间 / 没 / 音乐 / 不)

》 _____

9) 나는 비행기표를 살 돈이 없다.

(我 / 有 / 机票 / 没 / 钱 / 不 / 买)

》 _____

10) 오늘 나는 진찰 받으러 병원에 가려고 한다.
   (我 / 今天 / 医院 / 病 / 见 / 看 / 走 / 去 / 要)
   ≫ _____

3. 다음을 중국어로 옮기시오.

   1) 내일 나는 비행기를 타고 홍콩에 간다.
      ≫ _____

   2) 그는 매일 오토바이를 타고 회사에 온다.
      ≫ _____

   3) 나는 백과사전을 살 돈이 있다.
      ≫ _____

   4) 지금 그는 운전을 배울 기회가 있다.
      ≫ _____

   5) 왕선생님은 중국어로 강의를 하신다.
      ≫ _____

   6) 그는 자전거를 타고 학교에 간다.
      ≫ _____

   7) 나는 소포를 부치러 우체국에 간다.
      ≫ _____

   8) 나는 배를 타고 일본에 간다.
      ≫ _____

   9) 나는 숙제를 할 시간이 있다.
      ≫ _____

   10) 그는 볼펜으로 이름을 쓴다.
      ≫ _____

 # MEMO

제11과

겸어문

단어

☐	请 qǐng	…에게 …하라고 (요)청하다
☐	让 ràng	…에게 …하게 하다
☐	叫 jiào	…에게 …하게 하다
☐	使 shǐ	…에게 …하게 하다
☐	他 tā	그
☐	她 tā	그녀
☐	老板 lǎobǎn	상점주인, (상공업계의) 사장
☐	老师 lǎoshī	선생님
☐	解释 jiěshì	해석하다, 분석하다, 밝히다, (함의·원인·이유 등을) 설명하다, 해명하다
☐	这个 zhè ge	이것
☐	问题 wèntí	(해답·해석 등을 요구하는) 문제, (해결해야 할) 문제, 숙제
☐	搬 bān	(비교적 크거나 무거운 것을) 옮기다, 운반하다, 이사하다, 옮겨 가다
☐	家具 jiājù	가구
☐	接 jiē	(전화를) 받다
☐	电话 diànhuà	전화
☐	小 xiǎo	군, 양[성이나 이름 앞에 붙여, 자신보다 어린 사람에 대한 친근함을 나타냄]
☐	王 Wáng	왕[姓]
☐	回答 huídá	대답(하다), 회답(하다), 응답하다

제11과 겸어문

- 复习 fùxí — 복습하다
- 课文 kèwén — (교과서 중의) 본문
- 想 xiǎng — …하고 싶다
- 可以 kěyǐ — …할 수 있다, 가능하다[가능이나 능력을 나타냄]
  …해도 좋다, …해도 된다[허가를 나타냄]
- 爸爸 bàba — 아빠, 아버지
- 晚会 wǎnhuì — 이브닝 파티(evening party), 저녁 모임
- 参加 cānjiā — 참가하다
- 替 tì — 대신하다, 대체하다
- 电影 diànyǐng — 영화
- 哥哥 gēge — 오빠, 형
- 抽烟 chōuyān — 담배(를) 피우다, 흡연하다
- 外边 wàibian — 밖, 바깥
- 找 zhǎo — 찾다, 구하다, 물색하다
- 你 nǐ — 너, 당신
- 敲门 qiāomén — 노크하다, 문을 두드리다
- 楼下 lóuxià — 아래층, 아랫집, 건물 아래
- 今天 jīntiān — 오늘
- 迟到 chídào — 지각하다
- 班 bān — 조, 그룹, 반
- 美国 Měiguó — 미국
- 客人 kèrén — 손님, 방문객
- 态度 tàidù — 태도
- 生气 shēngqì — 화내다, 성나다
- 帮 bāng — 돕다, 거들다

☐	姐姐 jiějie	언니, 누나
☐	中国 Zhōngguó	중국
☐	留学 liúxué	유학하다
☐	朋友 péngyou	친구
☐	屋子 wūzi	방
☐	打扫 dǎsǎo	청소하다
☐	念 niàn	읽다
☐	弟弟 dìdi	아우, 남동생
☐	太极拳 tàijíquán	태극권
☐	医生 yīshēng	의사
☐	酒 jiǔ	술
☐	日记 rìjì	일기, 일지
☐	学生 xuésheng	학생
☐	水果 shuǐguǒ	과일, 과실
☐	回去 huíqù	(원래 자리로) 되돌아가다
☐	感动 gǎndòng	감동하다, 감동되다, 감격하다, 감동시키다, 감격하게 하다
☐	药 yào	약, 약물
☐	老 lǎo	성씨 앞에 쓰여 친근감이나 존중의 뜻을 나타냄
☐	李 Lǐ	이[姓]
☐	出差 chūchāi	(외지로) 출장 가다
☐	高兴 gāoxìng	기쁘다, 즐겁다, 좋아하다, 유쾌하다, 흥겹다
☐	连续剧 liánxùjù	텔레비전 연속극[드라마]

제11과 겸어문

> **겸어문**
>
> 동사술어문의 일종으로 첫 번째 동사의 목적어가
> 두 번째 동사의 주어를 겸하는 문장
> * 첫 번째 동사로는 주로 请, 让, 叫가 쓰인다.

(1) 긍정형

 기본 구조는 「주어 + 동사₁ + 목적어₁ + 동사₂ + 목적어₂(+ 동사₃ + 목적어₃)」이다.

주어	동사₁	겸어 목적어₁/주어	동사₂	목적어₂	~가 ~에게 ~을 ~하게 하다.
他 Tā	请 qǐng	我们 wǒmen	吃 chī	晚饭 wǎnfàn	그가 우리들을 저녁 식사에 초대했다.
他 Tā	请 qǐng	我 wǒ	解释 jiěshì	这个问题 zhè ge wèntí	그가 나더러 이 문제를 설명하라고 했다.
老板 Lǎobǎn	让 ràng	他们 tāmen	搬 bān	家具 jiājù	사장님은 그들에게 가구를 옮기라고 했다.
老板 Lǎobǎn	让 ràng	他 tā	接 jiē	电话 diànhuà	사장님은 그더러 전화를 받으라고 했다.
老师 Lǎoshī	叫 jiào	小王 Xiǎo Wáng	回答 huídá	问题 wèntí	선생님은 샤오왕에게 문제에 답하라고 했다.
老师 Lǎoshī	叫 jiào	我们 wǒmen	复习 fùxí	课文 kèwén	선생님은 우리들에게 본문을 복습하라고 했다.

확인학습 1

》》》 다음 문장을 중국어로 옮기시오.

1) 그가 우리들을 저녁 식사에 초대했다.
   》》 _____

2) 그가 나더러 이 문제를 설명하라고 했다.
   》》 _____

3) 사장님은 그들에게 가구를 옮기라고 했다.
   》》 _____

4) 사장님은 그더러 전화를 받으라고 했다.
   》》 _____

5) 선생님은 샤오왕에게 문제에 답하라고 했다.
   》》 _____

6) 선생님은 우리들에게 본문을 복습하라고 했다.
   》》 _____

7) 어머니가 나에게 방을 청소하라고 시켰다.
   》》 _____

8) 회사는 그에게 귀국하라고 했다.
   》》 _____

9) 그가 나더러 너에게 전해 달라고 했다
   》》 _____

10) 그들은 나더러 가 달라고 한다.
    》》 _____

심화학습 1

➡ 각종 부사나 조동사는 일반적으로 동사₁ 앞에 놓는다.

주어	부사/조동사	동사₁	겸어 목적어₁/주어	동사₂	목적어₂	~가 ~에게 ~을 ~하지 못 하게 하다. (~하지 말라고 하다./ ~하라고 하지 않다.)
老板 Lǎobǎn	不 bù	让 ràng	他们 tāmen	搬 bān	家具 jiājù	사장님은 그들에게 가구를 옮기지 말라고 했다.
老板 Lǎobǎn	不 bù	让 ràng	他 tā	接 jiē	电话 diànhuà	사장님은 그더러 전화를 받지 말라고 했다.
老师 Lǎoshī	没 méi	叫 jiào	小王 Xiǎo Wáng	回答 huídá	问题 wèntí	선생님은 샤오왕에게 문제에 답하라고 하지 않았다.
老师 Lǎoshī	没 méi	叫 jiào	我们 wǒmen	复习 fùxí	课文 kèwén	선생님은 우리들에게 본문을 복습하라고 하지 않았다.
我 Wǒ	想 xiǎng	请 qǐng	你们 nǐmen	吃 chī	晚饭 wǎnfàn	나는 너희들을 저녁 식사에 초대하고 싶다.
你 Nǐ	可以 kěyǐ	请 qǐng	他们 tāmen	来 lái		너는 그들을 오게 해도 된다.

확인학습 2

>>> 다음 문장을 중국어로 옮기시오.

1) 사장님은 그들에게 가구를 옮기지 말라고 했다.

   >>> _____

2) 사장님은 그더러 전화를 받지 말라고 했다.

   >>> _____

3) 선생님은 샤오왕에게 문제에 답하라고 하지 않았다.

   >>> _____

4) 선생님은 우리들에게 본문을 복습하라고 하지 않았다.

   >>> _____

5) 나는 너희들을 저녁 식사에 초대하고 싶다.

   >>> _____

6) 너는 그들을 오게 해도 된다.

   >>> _____

7) 아버지는 우리들에게 저녁모임에 참가하지 말라고 했다.

   >>> _____

8) 나는 그에게 가지 말라고 했다.

   >>> _____

9) 그녀의 아버지는 그녀에게 영화를 보러가지 말라고 했다

   >>> _____

10) 아버지는 오빠(형)에게 담배를 피우지 말라고 했다

    >>> _____

심화학습 2

➡ 동사₁이 「有」로 충당되는 특수한 겸어문도 있다. 이 경우, 기본 구조는 「주어 + 有 + 목적어₁ + 동사₂ + 목적어₂」이고, 겸어는 주로 사람을 나타내는 단어로 충당 이때 부정형은 「有」 앞에 「没」를 붙인다.

주어	(没)	동사₁ 有	겸어 목적어₁/주어	동사₂	목적어₂	~에 ~을 ~하는 ~이 있다(없다).
外边 Wàibian		有 yǒu	人 rén	找 zhǎo	你 nǐ	밖에 어떤 사람이 너를 찾는다.
外边 Wàibian		有 yǒu	人 rén	敲 qiāo	门 mén	밖에 어떤 사람이 문을 두드린다.
楼下 Lóuxià		有 yǒu	人 rén	找 zhǎo	你 nǐ	아래층에 어떤 사람이 너를 찾는다.
外边 Wàibian	没 méi	有 yǒu	人 rén	找 zhǎo	你 nǐ	밖에 너를 찾는 사람이 없다.
外边 Wàibian	没 méi	有 yǒu	人 rén	敲 qiāo	门 mén	밖에 문을 두드리는 사람이 없다.
楼下 Lóuxià	没 méi	有 yǒu	人 rén	找 zhǎo	你 nǐ	아래층에 너를 찾는 사람이 없다.

확인학습 3

>>> 다음 문장을 중국어로 옮기시오.

1) 밖에 어떤 사람이 너를 찾는다.
   >>> _____

2) 밖에 어떤 사람이 문을 두드린다.
   >>> _____

3) 아래층에 어떤 사람이 너를 찾는다.
   >>> _____

4) 밖에 너를 찾는 사람이 없다.
   >>> _____

5) 밖에 문을 두드리는 사람이 없다.
   >>> _____

6) 아래층에 너를 찾는 사람이 없다.
   >>> _____

7) 오늘은 지각한 사람이 있다.
   >>> _____

8) 오늘은 지각한 사람이 없다.
   >>> _____

9) 우리 반에는 미국에 가본 사람이 있다.
   >>> _____

10) 우리 반에는 미국에 가본 사람이 없다.
    >>> _____

연습문제

1. 다음 문장을 해석하시오.

   1) 他请我们吃晚饭。

      >>> _____

   2) 他请我解释这个问题。

      >>> _____

   3) 老板让他们搬家具。

      >>> _____

   4) 老板让他接电话。

      >>> _____

   5) 老师叫小王回答问题。

      >>> _____

   6) 老师叫我们复习课文。

      >>> _____

   7) 老板不让他们搬家具。

      >>> _____

   8) 老板不让他接电话。

      >>> _____

   9) 老师没叫小王回答问题。

      >>> _____

10) 老师没叫我们复习课文。

   》 _____

11) 我想请你们吃晚饭。

   》 _____

12) 你可以请他们来。

   》 _____

13) 外边有人找你。

   》 _____

14) 外边有人敲门。

   》 _____

15) 楼下有人找你。

   》 _____

16) 外边没有人找你。

   》 _____

17) 外边没有人敲门。

   》 _____

18) 楼下没有人找你。

   》 _____

2. 괄호 안의 단어를 선택하여 아래 문장을 중국어로 옮기시오.

   1) 어머니는 언니(누나)한테 밥을 하라고 했다.

      (妈妈 / 做 / 饭 / 让 / 使 / 跟 / 姐姐)

      》 _____

2) 손님의 태도가 그를 화나게 했다.

(客人的态度 / 他 / 让 / 使 / 生气)

≫ _____

3) 그는 우리들더러 기다리라고 하지 않았다.

(我们 / 让 / 没有 / 等 / 他)

≫ _____

4) 아버지는 언니(누나)에게 중국에 유학가지 말라고 했다.

(爸爸 / 姐姐 / 让 / 不 / 去 / 留学 / 中国)

≫ _____

5) 친구가 나를 저녁 식사에 초대했다.

(我 / 请 / 朋友 / 晚饭 / 吃)

≫ _____

6) 사장님이 나한테 방을 청소하라고 했다.

(让 / 打扫 / 老板 / 屋子 / 我)

≫ _____

7) 그가 나한테 선생님을 대신해서 책 한 권을 사오라고 했다.

(替 / 他 / 一本 / 买 / 书 / 我 / 老师 / 让 / 来)

≫ _____

8) 그는 나에게 참가하지 말라고 했다.

(参加 / 我 / 让 / 没 / 他)

≫ _____

9) 우리는 그더러 우리가 있는 데로 오라고 했다.

(家 / 来 / 我们 / 他 / 我 / 让)

≫ _____

10) 왕선생님은 샤오리한테 본문을 읽으라고 했다.

(叫 / 王老师 / 念 / 小李 / 课文)

》 _____

3. 다음을 중국어로 옮기시오.

1) 선생님은 그들을 돌아가게 했다.

》 _____

2) 어머니의 말이 나를 감동시켰다.

》 _____

3) 의사가 나에게 약을 먹으라고 했다.

》 _____

4) 사장님이 라오리를 중국으로 출장 보냈다.

》 _____

5) 이 일은 어머니를 기쁘게 했다.

》 _____

6) 그 드라마가 나를 감동시켰다.

》 _____

7) 어머니는 남동생에게 과일을 사오라고 했다.

》 _____

8) 선생님은 학생들에게 일기를 쓰라고 했다.

》 _____

9) 어머니는 남동생에게 태극권을 배우지 말라고 했다.

》 _____

10) 의사가 아버지에게 술을 마시지 말라고 했다.

》 _____

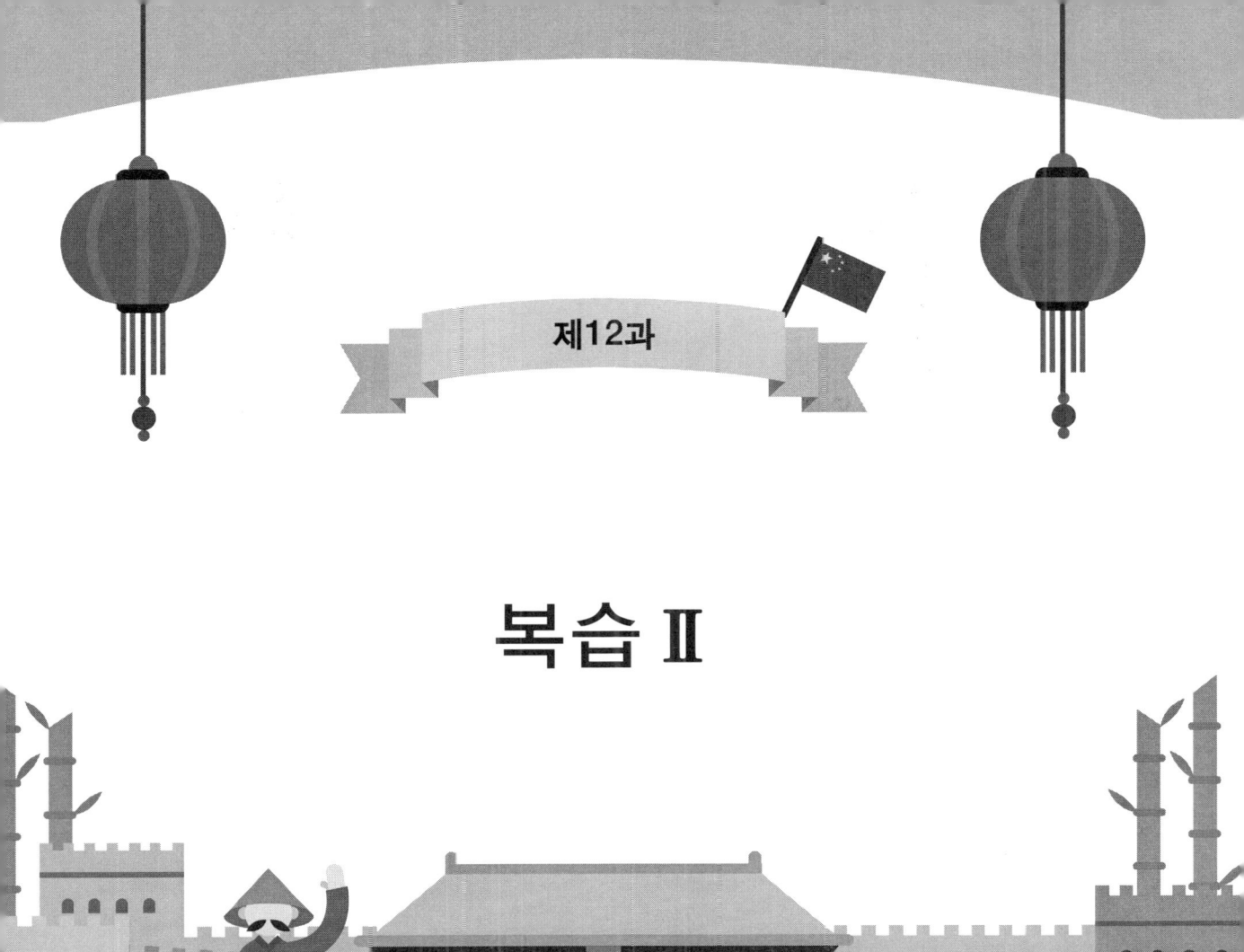

제12과

복습 Ⅱ

복습문제

1. 다음 문장을 해석하시오.

   〈명사술어문〉

   1) 现在五点半。
      ≫ _____

   2) 今年二十二岁。
      ≫ _____

   3) 这个十块。
      ≫ _____

   4) 今天二十三号。
      ≫ _____

   5) 后天星期三。
      ≫ _____

   6) 老王广东人。
      ≫ _____

   7) 现在不是五点半。
      ≫ _____

   8) 今年不是二十二岁。
      ≫ _____

   9) 这个不是十块。
      ≫ _____

제12과 복습 II   261

10) 今天不是二十三号。
    》 _____

11) 后天不是星期三。
    》 _____

12) 老王不是广东人。
    》 _____

13) 现在五点半吗?
    》 _____

14) 今年二十二岁吗?
    》 _____

15) 这个十块吗?
    》 _____

16) 今天十三号吗?
    》 _____

17) 后天星期三吗?
    》 _____

18) 老王广东人吗?
    》 _____

19) 现在几点?
    》 _____

20) 今年多大?
    》 _____

21) 这个多少(钱)?
    》 _____

22) 今天几号?

>> _____

23) 后天星期几?

>> _____

24) 老王哪儿的人?

>> _____

25) 现在五点半还是六点半?

>> _____

26) 今年二十二岁还是三十二岁?

>> _____

27) 这个十块还是二十块?

>> _____

28) 今天十三号还是二十三号?

>> _____

29) 后天星期三还是星期四?

>> _____

30) 老王广东人还是南京人?

>> _____

〈주술술어문〉

1) 他身体很健康。

>> _____

2) 学校环境很好。

>> _____

3) 她学习很认真。

   》 _____

4) 爸爸胃口很好。

   》 _____

5) 她个子很高。

   》 _____

6) 这儿空气很新鲜。

   》 _____

7) 他身体不健康。

   》 _____

8) 学校环境不好。

   》 _____

9) 她学习不认真。

   》 _____

10) 爸爸胃口不好。

    》 _____

11) 她个子不高。

    》 _____

12) 这儿空气不新鲜。

    》 _____

13) 他身体健康吗?

    》 _____

14) 学校环境好吗?

    》 _____

15) 她学习认真吗?

    》 _____

16) 爸爸胃口好吗?

    》 _____

17) 她个子高吗?

    》 _____

18) 这儿空气新鲜吗?

    》 _____

19) 他身体健康不健康?

    》 _____

20) 学校环境好不好?

    》 _____

21) 她学习认真不认真?

    》 _____

22) 爸爸胃口好不好?

    》 _____

23) 她个子高不高?

    》 _____

24) 这儿空气新鲜不新鲜?

    》 _____

25) 他身体怎么样?

    》 _____

26) 学校环境怎么样?

    》 _____

제12과 복습 II

27) 她学习怎么样?

   》 _____

28) 爸爸胃口怎么样?

   》 _____

29) 她个子怎么样?

   》 _____

30) 这儿空气怎么样?

   》 _____

〈이중목적어문〉

1) 朋友给我一张电影票。

   》 _____

2) 姐姐送妈妈一件毛衣。

   》 _____

3) 小王借我一本小说。

   》 _____

4) 他还我三百块。

   》 _____

5) 服务员找他三块(钱)。

   》 _____

6) 王老师教我们汉语。

   》 _____

7) 妹妹问姐姐一个问题。

   》 _____

8) 老师告诉我一个好消息。

   ≫ _____

9) 职员通知我们一件事儿。

   ≫ _____

10) 小王问她去哪儿。

    ≫ _____

11) 老李问我哪个办法好。

    ≫ _____

12) 管理员告诉我们今天停电。

    ≫ _____

〈연동문〉

1) 弟弟出来开门。

   ≫ _____

2) 他取钱买衣服。

   ≫ _____

3) 她上车买票。

   ≫ _____

4) 她去听讲座。

   ≫ _____

5) 姐姐去超市买东西。

   ≫ _____

6) 我们去教室上课。

   ≫ _____

7) 我去图书馆借书。

   》 _____

8) 他去百货商店买衣服。

   》 _____

9) 她去咖啡馆见朋友。

   》 _____

10) 老师去医院看病。

    》 _____

11) 总经理来首尔开会。

    》 _____

12) 王教授来韩国讲学。

    》 _____

13) 我用电脑写文章。

    》 _____

14) 他用筷子吃饭。

    》 _____

15) 我们用汉语谈话。

    》 _____

16) 她坐飞机来北京。

    》 _____

17) 他坐火车去上海。

    》 _____

18) 老师骑自行车上班。

    》 _____

19) 我有钱买电脑。

》 _____

20) 他有时间去北京。

》 _____

21) 我们有机会说汉语。

》 _____

22) 我有时间看电视剧。

》 _____

23) 她有时间交男朋友。

》 _____

24) 妈妈有时间喝咖啡。

》 _____

25) 我不去看电影。

》 _____

26) 他不来上课。

》 _____

27) 我没有钱买电脑。

》 _____

28) 他没有时间看电视剧。

》 _____

29) 她要买(支)钢笔送朋友。

》 _____

30) 我想买水果吃。

》 _____

〈겸어문〉

1) 他请我们吃晚饭。

   》 _____

2) 他请我解释这个问题。

   》 _____

3) 老板让他们搬家具。

   》 _____

4) 老板让他接电话。

   》 _____

5) 老师叫小王回答问题。

   》 _____

6) 老师叫我们复习课文。

   》 _____

7) 老板不让他们搬家具。

   》 _____

8) 老板不让他接电话。

   》 _____

9) 老师没叫小王回答问题。

   》 _____

10) 老师没叫我们复习课文。

    》 _____

11) 我想请你们吃晚饭。

    》 _____

12) 你可以请他们来。
>> _____

13) 外边有人找你。
>> _____

14) 外边有人敲门。
>> _____

15) 楼下有人找你。
>> _____

16) 外边没有人找你。
>> _____

17) 外边没有人敲门。
>> _____

18) 楼下没有人找你。
>> _____

2. 다음을 중국어로 옮기시오.

〈명사술어문〉

1) 이 컴퓨터는 68원입니다.
>> _____

2) 오늘은 화요일입니다.
>> _____

3) 그는 20살이 아닙니다.
>> _____

4) 지금은 1시 15분입니다.

>>> _____

5) 그녀는 천진사람이 아닙니다.

>>> _____

6) 오늘은 3월 1일이 아닙니다.

>>> _____

7) 여동생은 15살입니다.

>>> _____

8) 선생님은 남경사람입니다.

>>> _____

9) 이 책은 얼마입니까?

>>> _____

10) 다음주 월요일은 몇 일입니까?

>>> _____

〈주술술어문〉

1) 너희 부모님은 건강이 어떠시니?

>>> _____

2) 그 공장은 젊은이가 많다.

>>> _____

3) 그는 이가 아프다.

>>> _____

4) 그 학교는 여자 선생님이 많지 않다.

>>> _____

5) 오늘은 날씨가 춥다.

   ≫ _____

6) 언니(누나)는 몸이 안 좋다.

   ≫ _____

7) 이 옷은 색깔이 그다지 예쁘지 않다.

   ≫ _____

8) 당신은 식욕이 어떻습니까?

   ≫ _____

9) 당신 외할머니는 건강이 좋으십니까 (안 좋으십니까)?

   ≫ _____

10) 우리들은 생활이 그다지 익숙하지 못하다.

    ≫ _____

〈이중목적어문〉

1) 그녀가 나에게 전화번호를 알려준다.

   ≫ _____

2) 어머니가 남동생에게 생일 선물을 주신다.

   ≫ _____

3) 이선생님은 우리에게 수학을 가르치신다.

   ≫ _____

4) 종업원이 나에게 2.45원을 거슬러 준다.

   ≫ _____

5) 언니(누나)는 아버지께 책 한 권을 선물한다.

   ≫ _____

제12과 복습 Ⅱ

6) 나는 그에게 카메라를 빌린다.
   >> _____

7) 언니(누나)는 할아버지께 손목시계를 선물한다.
   >> _____

8) 오빠가(형이) 우리에게 비밀을 알려준다.
   >> _____

9) 기사님이 그녀에게 잔돈을 거슬러 준다.
   >> _____

10) 그녀는 남동생에게 신발을 선물한다.
    >> _____

〈연동문〉

1) 내일 나는 비행기를 타고 홍콩에 간다.
   >> _____

2) 그는 매일 오토바이를 타고 회사에 온다.
   >> _____

3) 나는 백과사전을 살 돈이 있다.
   >> _____

4) 지금 그는 운전을 배울 기회가 있다.
   >> _____

5) 왕선생님은 중국어로 강의를 하신다.
   >> _____

6) 그는 자전거를 타고 학교에 간다.
   >> _____

7) 나는 소포를 부치러 우체국에 간다.
   》 _____

8) 나는 배를 타고 일본에 간다.
   》 _____

9) 나는 숙제를 할 시간이 있다.
   》 _____

10) 그는 볼펜으로 이름을 쓴다.
   》 _____

〈겸어문〉

1) 선생님은 그들을 돌아가게 했다.
   》 _____

2) 어머니의 말이 나를 감동시켰다.
   》 _____

3) 의사가 나에게 약을 먹으라고 했다.
   》 _____

4) 사장님이 라오리를 중국으로 출장 보냈다.
   》 _____

5) 이 일은 어머니를 기쁘게 했다.
   》 _____

6) 그 드라마가 나를 감동시켰다.
   》 _____

7) 어머니는 남동생에게 과일을 사오라고 했다.
   》 _____

8) 선생님은 학생들에게 일기를 쓰라고 했다.

>>> _____

9) 어머니는 남동생에게 태극권을 배우지 말라그 했다.

>>> _____

10) 의사가 아버지에게 술을 마시지 말라고 했다.

>>> _____

MEMO

부록

연습문제 답안

제1과 | 판단문

〈확인학습 1〉

1) 我是韩国人。
2) 他是学生。
3) 她是老师。
4) 这是书。
5) 那是手机。
6) 那是电脑。
7) 姐姐是护士。
8) 哥哥是医生。
9) 这是书包。
10) 那是词典。

〈확인학습 2〉

1) 我不是韩国人。
2) 他不是学生。
3) 她不是老师。
4) 这不是书。
5) 那不是手机。
6) 那不是电脑。
7) 姐姐不是护士。
8) 哥哥不是医生。
9) 这不是书包。
10) 那不是词典。

〈확인학습 3〉

1) 你是韩国人吗?
2) 他是学生吗?
3) 她是老师吗?
4) 这是书吗?
5) 那是手机吗?
6) 那是电脑吗?
7) 姐姐是护士吗?
8) 哥哥是医生吗?
9) 这是书包吗?
10) 那是词典吗?

〈확인학습 4〉

1) 你是不是韩国人?
2) 他是不是学生?
3) 她是不是老师?
4) 这是不是书?
5) 那是不是手机?
6) 那是不是电脑?
7) 姐姐是不是护士?
8) 哥哥是不是医生?
9) 这是不是书包?
10) 那是不是词典?

〈확인학습 5〉

1) 谁是韩国人?
2) 谁是学生?
3) 谁是老师?
4) 哪位是你爸爸?
5) 他是谁?
6) 这是什么?
7) 谁是护士吗?
8) 谁是医生吗?
9) 哪位是你妈妈吗?
10) 她是谁?

〈확인학습 6〉

1) 你是韩国人还是中国人?
2) 他是学生还是老师?
3) 她是老师还是护士?
4) 这是书还是词典?
5) 那是手机还是电脑?
6) 那是电脑还是电子词典?
7) 那是课本还是杂志?
8) 他是你哥哥还是你弟弟?
9) 这是酒还是水?
10) 那是可乐还是咖啡?

〈연습문제〉

1.
1) 나는 한국인이다.
2) 그는 학생이다.
3) 그녀는 선생님이다.
4) 이것은 책이다.
5) 그것은 휴대폰이다.
6) 저것은 컴퓨터이다.
7) 나는 한국인이 아니다.
8) 그는 학생이 아니다.
9) 그녀는 선생님이 아니다.
10) 이것은 책이 아니다.
11) 그것은 휴대폰이 아니다.
12) 저것은 컴퓨터가 아니다.
13) 당신은 한국인입니까?
14) 그는 학생입니까?
15) 그녀는 선생님입니까?
16) 이것은 책입니까?
17) 그것은 휴대폰입니까?
18) 저것은 컴퓨터입니까?
19) 당신은 한국인입니까 (아닙니까)?
20) 그는 학생입니까 (아닙니까)?
21) 그녀는 선생님입니까 (아닙니까)?
22) 이것은 책입니까 (아닙니까)?
23) 그것은 휴대폰입니까 (아닙니까)?
24) 저것은 컴퓨터입니까 (아닙니까)?
25) 누가 한국인입니까?
26) 누가 학생입니까?
27) 누가 선생님입니까?
28) 어느 분이 당신 아버지이십니까?
29) 그는 누구입니까?
30) 이것은 무엇입니까?
31) 당신은 한국인입니까 아니면 중국인입니까?
32) 그는 학생입니까 아니면 선생님입니까?
33) 그녀는 선생님입니까 아니면 간호사입니까?
34) 이것은 책입니까 아니면 사전입니까?
35) 그것은 휴대폰입니까 아니면 컴퓨터입니까?
36) 저것은 컴퓨터입니까 아니면 전자사전입니까?

2.
1) 我不是韩国人。
2) 他不是学生。
3) 她不是老师。
4) 这不是书。
5) 那不是手机。
6) 那不是电脑。
7) 姐姐不是护士。
8) 哥哥不是医生。
9) 这不是书包。
10) 那不是词典。

3.
1) 我是韩国人。
2) 他是学生。
3) 她是老师。
4) 这是书。
5) 那是手机。
6) 那是电脑。
7) 姐姐是护士。
8) 哥哥是医生。
9) 这是书包。
10) 那是词典。

4.
1) 你是韩国人吗?
2) 他是不是学生?
3) 她是谁?
4) 这是书还是杂志?
5) 那是手机吗?
6) 那是不是电脑?
7) 姐姐是护士还是老师?
8) 哥哥是医生吗?
9) 这是什么?
10) 那是词典吗?

5.
1) 这是什么?
2) 他是汉语老师吗?
3) 这是本子还是课本?
4) 他是中国人还是日本人?
5) 她是大学生还是高中生?

6) 他是谁?
7) 这是桌子。
8) 你是韩国人吗?
9) 那不是椅子。
10) 他是美国人吗?

6. 1) 他们都是亚洲人。
2) 那是什么?
3) 那是西瓜。
4) 那件衣服不是新的。
5) 他不是律师。
6) 姐姐是大学生。
7) 这辆汽车不是妹妹的。
8) 他们是高中生吗?
9) 她是谁?
10) 他是不是你弟弟?

7. 1) ①   2) ②
3) ③   4) ②
5) ②   6) ①

제2과 | 소유문

〈확인학습 1〉

1) 我有哥哥。
2) 我有书。
3) 她有男朋友。
4) 他有电脑。
5) 哥哥有护照。
6) 姐姐有时间。
7) 妹妹有钱包。
8) 她有钱。
9) 他有中国朋友。
10) 男朋友有中国地图。

〈확인학습 2〉

1) 我没有哥哥。
2) 我没有书。
3) 她没有男朋友。
4) 他没有电脑。
5) 哥哥没有护照。
6) 姐姐没有时间。
7) 妹妹没有钱包。
8) 她没有钱。
9) 他没有中国朋友。
10) 男朋友没有中国地图。

〈확인학습 3〉

1) 你有没有哥哥?
2) 你有没有书?
3) 她有没有男朋友?
4) 他有没有电脑?
5) 哥哥有没有护照?
6) 姐姐有没有时间?
7) 妹妹有没有钱包?
8) 她有没有钱?
9) 他有没有中国朋友?
10) 男朋友有没有中国地图?

〈확인학습 4〉

1) 你有哥哥吗?
2) 你有书吗?
3) 她有男朋友吗?
4) 他有电脑吗?
5) 哥哥有护照吗?
6) 姐姐有时间吗?
7) 妹妹有钱包吗?
8) 她有钱吗?
9) 他有中国朋友吗?
10) 男朋友有中国地图吗?

〈확인학습 5〉

1) 谁有哥哥?
2) 谁有男朋友?
3) 谁有护照?

4) 谁有时间?
5) 哪儿有洗手间?
6) 你有什么书?
7) 谁有钱包吗?
8) 谁有钱吗?
9) 谁有中国朋友吗?
10) 男朋友有哪国地图吗?

⟨확인학습 6⟩
1) 你有哥哥还是有姐姐?
2) 你有书还是有词典?
3) 她有女儿还是有儿子?
4) 她有车票还是有机票?
5) 他有电脑还是有电子词典?
6) 他有自行车还是有汽车?
7) 妹妹有钱包还是有手提包?
8) 她有现金还是有信用卡?
9) 他有中国朋友还是有日本朋友?
10) 男朋友有中国地图还是有韩国地图?

⟨연습문제⟩
1. 1) 나는 오빠가(형이) 있다.
2) 나는 책이 있다.
3) 그녀는 남자 친구가 있다.
4) 그는 컴퓨터를 가지고 있다.
5) 오빠는(형은) 여권을 가지고 있다.
6) 언니(누나)는 시간이 있다.
7) 나는 오빠가(형이) 없다.
8) 나는 책이 없다.
9) 그녀는 남자 친구가 없다.
10) 그는 컴퓨터를 가지고 있지 않다.
11) 오빠는(형은) 여권을 가지고 있지 않다.
12) 언니(누나)는 시간이 없다.
13) 당신은 오빠가(형이) 있습니까?
14) 당신은 책이 있습니까?
15) 그녀는 남자 친구가 있습니까?
16) 그는 컴퓨터를 가지고 있습니까?
17) 오빠는(형은) 여권을 가지고 있습니까?

18) 언니(누나)는 시간이 있습니까?
19) 당신은 오빠가(형이) 있습니까 (없습니까)?
20) 당신은 책이 있습니까 (없습니까)?
21) 그녀는 남자 친구가 있습니까 (없습니까)?
22) 그는 컴퓨터를 가지고 있습니까 (가지고 있지 않습니까)?
23) 오빠는(형은) 여권을 가지고 있습니까 (가지고 있지 않습니까)?
24) 언니(누나)는 시간이 있습니까 (없습니까)?
25) 누가 오빠가(형이) 있습니까?
26) 누가 남자 친구가 있습니까?
27) 누가 시간이 있습니까?
28) 누가 여권이 있습니까?
29) 어디에 화장실이 있습니까?
30) 당신은 무슨 책을 가지고 있습니까?
31) 당신은 오빠가(형이) 있습니까 아니면 누나(언니)가 있습니까?
32) 당신은 책을 가지고 있습니까 아니면 사전을 가지고 있습니까?
33) 그녀는 딸이 있습니까 아니면 아들이 있습니까?
34) 그녀는 차표를 가지고 있습니까 아니면 비행기표를 가지고 있습니까?
35) 그는 컴퓨터를 가지고 있습니까 아니면 전자사전을 가지고 있습니까?
36) 그는 자전거를 가지고 있습니까 아니면 자동차를 가지고 있습니까?

2. 1) 我没有哥哥。
2) 我没有书。
3) 她没有男朋友。
4) 他没有电脑。
5) 哥哥没有护照。
6) 姐姐没有时间。
7) 妹妹没有钱包。
8) 她没有钱。
9) 他没有中国朋友。
10) 男朋友没有中国地图。

3.
1) 我有哥哥。
2) 我有书。
3) 她有男朋友。
4) 他有电脑。
5) 哥哥有护照。
6) 姐姐有时间。
7) 妹妹有钱包。
8) 她有钱。
9) 他有中国朋友。
10) 男朋友有中国地图。

4.
1) 你有哥哥吗?
2) 你有没有书?
3) 谁有男朋友?
4) 他有电脑还是有电子词典?
5) 哥哥有护照吗?
6) 姐姐有没有时间?
7) 谁有钱包?
8) 她有钱吗?
9) 他有没有中国朋友?
10) 男朋友有哪国地图?

5.
1) 老师有邮票。
2) 他家有六口人。
3) 她没有录音机。
4) 饭店里没有客人。
5) 这儿有地图吗?
6) 这儿有没有女学生?
7) 那儿有洗手间吗?
8) 你有百科全书吗?
9) 那儿有咖啡馆吗?
10) 你有会议吗?

6.
1) 我没有书包。
2) 姐姐有外国朋友。
3) 我没有运动鞋。
4) 他有没有背包?
5) 哥哥有摩托车。

6) 你有兄弟姐妹吗?
7) 这儿有电影院(馆)吗?
8) 他有英国朋友。
9) 我有照相机。
10) 她没有帽子。

7.
1) ④　　　　2) ②
3) ④　　　　4) ③
5) ②　　　　6) ①

제3과 | 존재문

〈확인학습 1〉
1) 她在中国。
2) 姐姐在学校。
3) 老师在图书馆。
4) 他在这里。
5) 爸爸在办公室(里)。
6) 妈妈在厨房(里)。
7) 我家在济州岛。
8) 词典在桌子上。
9) 王老师在上海。
10) 词典在书包里。

〈확인학습 2〉
1) 她不在中国。
2) 姐姐不在学校。
3) 老师不在图书馆。
4) 他不在这里。
5) 爸爸不在办公室(里)。
6) 妈妈不在厨房(里)。
7) 我家不在济州岛。
8) 词典不在桌子上。
9) 王老师不在上海。
10) 词典不在书包里。

〈확인학습 3〉
1) 她在中国吗?
2) 姐姐在学校吗?
3) 老师在图书馆吗?
4) 他在这里吗?
5) 爸爸在办公室里吗?
6) 妈妈在厨房里吗?
7) 你家在济州岛吗?
8) 词典在桌子上吗?
9) 王老师在上海吗?
10) 词典在书包里吗?

〈확인학습 4〉
1) 她在不在中国?
2) 姐姐在不在学校?
3) 老师在不在图书馆?
4) 他在不在这里?
5) 爸爸在不在办公室里?
6) 妈妈在不在厨房里?
7) 我家在不在济州岛?
8) 词典在不在桌子上?
9) 王老师在不在上海?
10) 词典在不在书包里?

〈확인학습 5〉
1) 谁在中国?
2) 谁在学校?
3) 谁在图书馆?
4) 他在哪儿?
5) 爸爸在哪儿?
6) 妈妈在哪儿?
7) 你家在哪儿?
8) 她的书在哪儿?
9) 王老师在哪儿?
10) 词典在哪儿?

〈확인학습 6〉
1) 她在中国还是在日本?
2) 姐姐在学校还是在家(里)?
3) 老师在图书馆还是在教室(里)?
4) 他在这儿还是在那儿?
5) 爸爸在办公室(里)还是在食堂(里)?
6) 妈妈在厨房(里)还是在房间(里)?
7) 你家在不在济州岛还是在首尔?
8) 词典在桌子上还是在椅子上?
9) 王老师在上海还是在南京?
10) 词典在书包里还是在抽屉里?

〈연습문제〉
1. 1) 그녀는 중국에 있다.
   2) 언니(누나)는 학교에 있다.
   3) 선생님은 도서관에 계신다.
   4) 그는 여기에 있다.
   5) 아버지는 사무실에 계신다.
   6) 어머니는 부엌에 계신다.
   7) 그녀는 중국에 있지 않다.
   8) 언니(누나)는 학교에 있지 않다.
   9) 선생님은 도서관에 안 계신다.
   10) 그는 여기에 없다.
   11) 아버지는 사무실에 안 계신다.
   12) 어머니는 부엌에 안 계신다.
   13) 그녀는 중국에 있습니까?
   14) 언니(누나)는 학교에 있습니까?
   15) 선생님은 도서관에 계십니까?
   16) 그는 여기에 있습니까?
   17) 아버지는 사무실에 계십니까?
   18) 어머니는 부엌에 계십니까?
   19) 그녀는 중국에 있습니까 (없습니까)?
   20) 언니(누나)는 학교에 있습니까 (없습니까)?
   21) 선생님은 도서관에 계십니까 (안 계십니까)?
   22) 그는 여기에 있습니까 (없습니까)?
   23) 아버지는 사무실에 계십니까 (안 계십니까)?
   24) 어머니는 부엌에 계십니까 (안 계십니까)?
   25) 누가 중국에 있습니까?

26) 누가 학교에 있습니까?
27) 누가 도서관에 있습니까?
28) 그는 어디에 있습니까?
29) 아버지는 어디에 계십니까?
30) 어머니는 어디에 계십니까?
31) 그녀는 중국에 있나요 아니면 일본에 있나요?
32) 언니(누나)는 학교에 있나요 아니면 집에 있나요?
33) 선생님은 도서관에 계시나요 아니면 교실에 계시나요?
34) 그는 여기에 있나요 아니면 거기에 있나요?
35) 아버지는 사무실에 계시나요 아니면 식당에 계시나요?
36) 어머니는 부엌에 계시나요 아니면 방에 계시나요?

2. 1) 她不在中国。
   2) 姐姐不在学校。
   3) 老师不在图书馆。
   4) 他不在这儿。
   5) 爸爸不在办公室(里)。
   6) 妈妈不在厨房(里)。
   7) 我家不在济州岛。
   8) 词典不在桌子上。
   9) 王老师不在上海。
   10) 词典不在书包里。

3. 1) 她在中国。
   2) 姐姐在学校。
   3) 老师在图书馆。
   4) 他在这儿。
   5) 爸爸在办公室(里)。
   6) 妈妈在厨房(里)。
   7) 我家在济州岛。
   8) 词典在桌子上。
   9) 王老师在上海。
   10) 词典在书包里。

4. 1) 她在中国吗?
   2) 姐姐在不在学校?
   3) 老师在哪儿?
   4) 他在这儿还是在那儿?
   5) 爸爸在办公室(里)吗?
   6) 妈妈在不在厨房(里)?
   7) 你家在哪儿?
   8) 词典在桌子上吗?
   9) 王老师在不在上海?
   10) 词典在哪儿?

5. 1) 爸爸不在北京。
   2) 信用卡在抽屉里。
   3) 钱包在口袋里。
   4) 老师不在教室里。
   5) 课本在桌子上。
   6) 你哥哥在哪儿?
   7) 班主任不在办公室里。
   8) 他的词典在哪儿?
   9) 她家在哪儿?
   10) 金老师在办公室里。

6. 1) 她的家在首尔。
   2) 他在餐厅(里)吗?
   3) 孩子们在运动场吗?
   4) 他不在办公室(里)。
   5) 他在香港。
   6) 邮局在哪儿?
   7) 姐姐在百货商店(里)。
   8) 她的衣服在衣柜里。
   9) 电影院(馆)在哪儿?
   10) 汽水在冰箱里。

7. 1) ④   2) ②
   3) ②   4) ③
   5) ③   6) ②

제4과 | 동사술어문

〈확인학습 1〉
1) 我学习汉语。
2) 他看书。
3) 她听音乐。
4) 老师去中国。
5) 姐姐吃饭。
6) 妹妹写汉字。
7) 哥哥喝茶。
8) 朋友来韩国。
9) 弟弟买牛奶。
10) 他卖水果。

〈확인학습 2〉
1) 我不学习汉语。
2) 他不看书。
3) 她不听音乐。
4) 老师不去中国。
5) 姐姐不吃饭。
6) 妹妹不写汉字。
7) 哥哥不喝茶。
8) 朋友不来韩国。
9) 弟弟不买牛奶。
10) 他不卖水果。

〈확인학습 3〉
1) 你学习汉语吗?
2) 他看书吗?
3) 她听音乐吗?
4) 老师去中国吗?
5) 姐姐吃饭吗?
6) 妹妹写汉字吗?
7) 哥哥喝茶吗?
8) 朋友来韩国吗?
9) 弟弟买牛奶吗?
10) 他卖水果吗?

〈확인학습 4〉
1) 你学习不学习汉语?
2) 他看不看书?
3) 她听不听音乐?
4) 老师去不去中国?
5) 姐姐吃不吃饭?
6) 妹妹写不写汉字?
7) 哥哥喝不喝茶?
8) 朋友来不来韩国?
9) 弟弟买不买牛奶?
10) 他卖不卖水果?

〈확인학습 5〉
1) 谁学习汉语?
2) 谁看书?
3) 谁听音乐?
4) 老师去哪儿?
5) 姐姐吃什么?
6) 妹妹写什么?
7) 哥哥喝什么?
8) 谁来韩国?
9) 弟弟买什么?
10) 他卖什么?

〈확인학습 6〉
1) 你学习汉语还是学习英语?
2) 他看书还是看连续剧?
3) 她听音乐还是听录音?
4) 老师去中国还是去日本?
5) 姐姐吃饭还是吃面包?
6) 妹妹写汉字还是写韩文?
7) 哥哥喝茶还是喝酒?。
8) 朋友来韩国还是来日本?。
9) 弟弟买牛奶还是买水?。
10) 他卖水果还是卖菜?。

《연습문제》

1.
1) 나는 배운다.
2) 그는 본다.
3) 그녀는 듣는다.
4) 선생님은 가신다.
5) 언니(누나)는 먹는다.
6) 여동생은 쓴다.
7) 나는 중국어를 안 배운다.
8) 그는 책을 안 본다.
9) 그녀는 음악을 안 듣는다.
10) 선생님은 중국에 안 가신다.
11) 언니(누나)는 밥을 안 먹는다.
12) 여동생은 한자를 안 쓴다.
13) 당신은 중국어를 배웁니까?
14) 그는 책을 봅니까?
15) 그녀는 음악을 듣나요?
16) 선생님은 중국에 가십니까?
17) 언니(누나)는 밥을 먹나요?
18) 여동생은 한자를 씁니까?
19) 당신은 중국어를 배웁니까 (안 배웁니까)?
20) 그는 책을 봅니까 (안 봅니까)?
21) 그녀는 음악을 듣나요 (안 듣나요)?
22) 선생님은 중국에 가십니까 (안 가십니까)?
23) 언니(누나)는 밥을 먹나요 (안 먹나요)?
24) 여동생은 한자를 씁니까 (안 씁니까)?
25) 누가 중국어를 배웁니까?
26) 누가 책을 봅니까?
27) 그녀는 무엇을 듣나요?
28) 선생님은 어디를 가십니까?
29) 언니(누나)는 무엇을 먹나요?
30) 여동생은 무엇을 씁니까?
31) 당신은 중국어를 배웁니까 아니면 영어를 배웁니까?
32) 그는 책을 봅니까 아니면 드라마를 봅니까?
33) 그녀는 음악을 듣나요 아니면 녹음을 듣나요?
34) 선생님은 중국에 가십니까 아니면 일본에 가십니까?
35) 언니(누나)는 밥을 먹나요 아니면 빵을 먹나요?
36) 여동생은 한자를 씁니까 아니면 한글을 씁니까?

2.
1) 我不学习汉语。
2) 他不看书。
3) 她不听音乐。
4) 老师不去中国。
5) 姐姐不吃饭。
6) 妹妹不写汉字。
7) 哥哥不喝茶。
8) 朋友不来韩国。
9) 弟弟不买牛奶。
10) 他不卖水果。

3.
1) 我学习汉语。
2) 他看书。
3) 她听音乐。
4) 老师去中国。
5) 姐姐吃饭。
6) 妹妹写汉字。
7) 哥哥喝茶。
8) 朋友来韩国。
9) 弟弟买牛奶。
10) 他卖水果。

4.
1) 你学习汉语吗?
2) 他看不看书?
3) 谁听音乐?
4) 老师去中国还是去日本?
5) 姐姐吃饭吗?
6) 妹妹写汉字吗?
7) 哥哥喝不喝茶?
8) 朋友来韩国还是来中国?
9) 弟弟买牛奶吗?
10) 他卖不卖水果?

5.
1) 她学习日语。
2) 姐姐看电影。

3) 他画画儿。
　　4) 我写汉字。
　　5) 他学习钢琴。
　　6) 哥哥不喝咖啡。
　　7) 她不去学校。
　　8) 姐姐不喝酒。
　　9) 弟弟不看京剧。
　　10) 他去书店。

6.　1) 他学习汉语吗?
　　2) 哥哥买衣服吗?
　　3) 她去百货商店。
　　4) 哥哥看电视。
　　5) 他不买鞋(子)。
　　6) 爸爸不喝绿茶吗?
　　7) 他喜欢你。
　　8) 姐姐喝红茶。
　　9) 弟弟看杂志。
　　10) 他学(习)西班牙语。

7.　1) ①　　　　2) ①
　　3) ③　　　　4) ③
　　5) ②　　　　6) ③

제5과 | 형용사술어문

〈확인학습 1〉

1) 我很累。
2) 她很忙。
3) 他很胖。
4) 哥哥很高。
5) 这个很贵。
6) 天气很热。
7) 姐姐很漂亮。
8) 爷爷很健康。
9) 书很多。
10) 地图很大。

〈확인학습 2〉

1) 我不累。
2) 她不忙。
3) 他不胖。
4) 哥哥不高。
5) 这个不贵。
6) 天气不热。
7) 姐姐不漂亮。
8) 爷爷不健康。
9) 书不多。
10) 地图不大。

〈확인학습 3〉

1) 你累吗?
2) 她忙吗?
3) 他胖吗?
4) 哥哥高吗?
5) 这个贵吗?
6) 天气热吗?
7) 姐姐漂亮吗?
8) 爷爷健康吗?
9) 书多吗?
10) 地图大吗?

〈확인학습 4〉

1) 你累不累?
2) 她忙不忙?
3) 他胖不胖?
4) 哥哥高不高?
5) 这个贵不贵?
6) 天气热不热?
7) 姐姐漂亮不漂亮?
8) 爷爷健康不健康?
9) 书多不多?
10) 地图大不大?

《확인학습 5》

1) 谁忙?
2) 谁胖?
3) 哪个贵?
4) 哪个重?
5) 哪儿热?
6) 天气怎么样?
7) 姐姐怎么样?
8) 爷爷怎么样?
9) 书怎么样?
10) 地图怎么样?

《확인학습 6》

1) 你累还是他累?
2) 爸爸忙还是妈妈忙?
3) 姐姐胖还是妹妹胖?
4) 哥哥高还是弟弟高?
5) 这个贵还是那个贵?
6) 你的重还是他的重?
7) 这个大还是那个大?
8) 韩国菜好吃还是中国菜好吃?
9) 这件衣服贵还是那件衣服贵?
10) 图书馆近还是书店近?

《연습문제》

1.
1) 나는 피곤하다.
2) 그녀는 바쁘다.
3) 그는 뚱뚱하다.
4) 오빠는(형은) (키가) 크다.
5) 이것은 비싸다.
6) 날씨가 덥다.
7) 나는 안 피곤하다.
8) 그녀는 안 바쁘다.
9) 그는 안 뚱뚱하다.
10) 오빠는(형은) (키가) 안 크다
11) 이것은 안 비싸다.
12) 날씨가 안 덥다.
13) 당신은 피곤합니까?
14) 그녀는 바쁩니까?
15) 그는 뚱뚱합니까?
16) 오빠는(형은) (키가) 큽니까?
17) 이것은 비쌉니까?
18) 날씨가 덥습니까?
19) 당신은 피곤합니까 (안 피곤합니까)?
20) 그녀는 바쁩니까 (안 바쁩니까)?
21) 그는 뚱뚱합니까 (안 뚱뚱합니까)?
22) 오빠는(형은) (키가) 큽니까 (안 큽니까)?
23) 이것은 비쌉니까 (안 비쌉니까)?
24) 날씨가 덥습니까 (안 덥습니까)?
25) 누가 바쁩니까?
26) 누가 뚱뚱합니까?
27) 어느 것이 비쌉니까?
28) 어느 것이 무겁습니까?
29) 어디가 덥습니까?
30) 날씨가 어떻습니까?
31) 당신이 피곤합니까 아니면 그가 피곤합니까?
32) 아버지가 바쁘십니까 아니면 어머니가 바쁘십니까?
33) 언니(누나)가 뚱뚱합니까 아니면 여동생이 뚱뚱합니까?
34) 오빠가(형이) (키가) 큽니까 아니면 남동생이 (키가) 큽니까?
35) 이것이 비쌉니까 아니면 저것이 비쌉니까?
36) 당신 것이 무겁나요 아니면 그의 것이 무겁나요?

2.
1) 我不累。
2) 她不忙。
3) 他不胖。
4) 哥哥不高。
5) 这个不贵。
6) 天气不热。
7) 姐姐不漂亮。
8) 爷爷不健康。
9) 书不多。

10) 地图不大。

3.
1) 我很累。
2) 她很忙。
3) 他很胖。
4) 哥哥很高。
5) 这个很贵。
6) 天气很热。
7) 姐姐很漂亮。
8) 爷爷很健康。
9) 书很多。
10) 地图很大。

4.
1) 你累吗?
2) 她忙不忙?
3) 他胖还是你胖?
4) 谁高?
5) 这个贵吗?
6) 天气热不热?
7) 姐姐漂亮还是妹妹漂亮?
8) 爷爷怎么样?
9) 书多吗?
10) 地图大不大?

5.
1) 我不高兴。
2) 男朋友很多。
3) 男学生多还是女学生多?
4) 今天不太冷。
5) 这个很贵。
6) 首尔很热。
7) 价钱太贵。
8) 老师不太健康。
9) 书很不好。
10) 学生不太多。

6.
1) 四川菜很辣。
2) 汉语很容易。
3) 这个菜好吃吗?

4) 考试很难。
5) 那儿很冷。
6) 哪儿暖和?
7) 这儿很热。
8) 衣服很贵。
9) 东西很多。
10) 钱不太多。

7.
1) ③ 2) ④
3) ① 4) ①
5) ④ 6) ④

제6과 | 복습 I

1. 〈판단문〉
1) 나는 한국인이다.
2) 그는 학생이다.
3) 그녀는 선생님이다.
4) 이것은 책이다.
5) 그것은 휴대폰이다.
6) 저것은 컴퓨터이다.
7) 나는 한국인이 아니다.
8) 그는 학생이 아니다.
9) 그녀는 선생님이 아니다.
10) 이것은 책이 아니다.
11) 그것은 휴대폰이 아니다.
12) 저것은 컴퓨터가 아니다.
13) 당신은 한국인입니까?
14) 그는 학생입니까?
15) 그녀는 선생님입니까?
16) 이것은 책입니까?
17) 그것은 휴대폰입니까?
18) 저것은 컴퓨터입니까?
19) 당신은 한국인입니까 (아닙니까)?
20) 그는 학생입니까 (아닙니까)?
21) 그녀는 선생님입니까 (아닙니까)?
22) 이것은 책입니까 (아닙니까)?
23) 그것은 휴대폰입니까 (아닙니까)?

24) 저것은 컴퓨터입니까 (아닙니까)?
25) 누가 한국인입니까?
26) 누가 학생입니까?
27) 누가 선생님입니까?
28) 어느 분이 당신 아버지이십니까?
29) 그는 누구입니까?
30) 이것은 무엇입니까?
31) 당신은 한국인입니까 아니면 중국인입니까?
32) 그는 학생입니까 아니면 선생님입니까?
33) 그녀는 선생님입니까 아니면 간호사입니까?
34) 이것은 책입니까 아니면 사전입니까?
35) 그것은 휴대폰입니까 아니면 컴퓨터입니까?
36) 저것은 컴퓨터입니까 아니면 전자사전입니까?

〈소유문〉
1) 나는 오빠가(형이) 있다.
2) 나는 책이 있다.
3) 그녀는 남자 친구가 있다.
4) 그는 컴퓨터를 가지고 있다.
5) 오빠는(형은) 여권을 가지고 있다.
6) 언니(누나)는 시간이 있다.
7) 나는 오빠가(형이) 없다.
8) 나는 책이 없다.
9) 그녀는 남자 친구가 없다.
10) 그는 컴퓨터를 가지고 있지 않다.
11) 오빠는(형은) 여권을 가지고 있지 않다.
12) 언니(누나)는 시간이 없다.
13) 당신은 오빠가(형이) 있습니까?
14) 당신은 책이 있습니까?
15) 그녀는 남자 친구가 있습니까?
16) 그는 컴퓨터를 가지고 있습니까?
17) 오빠는(형은) 여권을 가지고 있습니까?
18) 언니(누나)는 시간이 있습니까?
19) 당신은 오빠가(형이) 있습니까 (없습니까)?
20) 당신은 책이 있습니까 (없습니까)?
21) 그녀는 남자 친구가 있습니까 (없습니까)?
22) 그는 컴퓨터를 가지고 있습니까 (가지고 있지 않습니까)?
23) 오빠는(형은) 여권을 가지고 있습니까 (가지고 있지 않습니까)?
24) 언니(누나)는 시간이 있습니까 (없습니까)?
25) 누가 오빠가(형이) 있습니까?
26) 누가 남자 친구가 있습니까?
27) 누가 시간이 있습니까?
28) 누가 여권이 있습니까?
29) 어디에 화장실이 있습니까?
30) 당신은 무슨 책을 가지고 있습니까?
31) 당신은 오빠가(형이) 있습니까 아니면 언니(누나)가 있습니까?
32) 당신은 책을 가지고 있습니까 아니면 사전을 가지고 있습니까?
33) 그녀는 딸이 있습니까 아니면 아들이 있습니까?
34) 그녀는 차표를 가지고 있습니까 아니면 비행기표를 가지고 있습니까?
35) 그는 컴퓨터를 가지고 있습니까 아니면 전자사전을 가지고 있습니까?
36) 그는 자전거를 가지고 있습니까 아니면 자동차를 가지고 있습니까?

〈존재문〉
1) 그녀는 중국에 있다.
2) 언니(누나)는 학교에 있다.
3) 선생님은 도서관에 계신다.
4) 그는 여기에 있다.
5) 아버지는 사무실에 계신다.
6) 어머니는 부엌에 계신다.
7) 그녀는 중국에 있지 않다.
8) 언니(누나)는 학교에 있지 않다.
9) 선생님은 도서관에 안 계신다.
10) 그는 여기에 없다.
11) 아버지는 사무실에 안 계신다.
12) 어머니는 부엌에 안 계신다.
13) 그녀는 중국에 있습니까?
14) 언니(누나)는 학교에 있습니까?
15) 선생님은 도서관에 계십니까?
16) 그는 여기에 있습니까?
17) 아버지는 사무실에 계십니까?

18) 어머니는 부엌에 계십니까?
19) 그녀는 중국에 있습니까 (없습니까)?
20) 언니(누나)는 학교에 있습니까 (없습니까)?
21) 선생님은 도서관에 계십니까 (안 계십니까)?
22) 그는 여기에 있습니까 (없습니까)?
23) 아버지는 사무실에 계십니까 (안 계십니까)?
24) 어머니는 부엌에 계십니까 (안 계십니까)?
25) 누가 중국에 있습니까?
26) 누가 학교에 있습니까?
27) 누가 도서관에 있습니까?
28) 그는 어디에 있습니까?
29) 아버지는 어디에 계십니까?
30) 어머니는 어디에 계십니까?
31) 그녀는 중국에 있나요 아니면 일본에 있나요?
32) 언니(누나)는 학교에 있나요 아니면 집에 있나요?
33) 선생님은 도서관에 계시나요 아니면 교실에 계시나요?
34) 그는 여기에 있나요 아니면 거기에 있나요?
35) 아버지는 사무실에 계시나요 아니면 식당에 계시나요?
36) 어머니는 부엌에 계시나요 아니면 방에 계시나요?

⟨동사술어문⟩
1) 나는 중국어를 배운다.
2) 그는 책을 본다.
3) 그녀는 음악을 듣는다.
4) 선생님은 중국에 가신다.
5) 언니(누나)는 밥을 먹는다.
6) 여동생은 한자를 쓴다.
7) 나는 중국어를 안 배운다.
8) 그는 책을 안 본다.
9) 그녀는 음악을 안 듣는다.
10) 선생님은 중국에 안 가신다.
11) 언니(누나)는 밥을 안 먹는다.
12) 여동생은 한자를 안 쓴다.
13) 당신은 중국어를 배웁니까?
14) 그는 책을 봅니까?

15) 그녀는 음악을 듣나요?
16) 선생님은 중국에 가십니까?
17) 언니(누나)는 밥을 먹나요?
18) 여동생은 한자를 씁니까?
19) 당신은 중국어를 배웁니까 (안 배웁니까)?
20) 그는 책을 봅니까 (안 봅니까)?
21) 그녀는 음악을 듣나요 (안 듣나요)?
22) 선생님은 중국에 가십니까 (안 가십니까)?
23) 언니(누나)는 밥을 먹나요 (안 먹나요)?
24) 여동생은 한자를 씁니까 (안 씁니까)?
25) 누가 중국어를 배웁니까?
26) 누가 책을 봅니까?
27) 그녀는 무엇을 듣나요?
28) 선생님은 어디를 가십니까?
29) 언니(누나)는 무엇을 먹나요?
30) 여동생은 무엇을 씁니까?
31) 당신은 중국어를 배웁니까 아니면 영어를 배웁니까?
32) 그는 책을 봅니까 아니면 드라마를 봅니까?
33) 그녀는 음악을 듣나요 아니면 녹음을 듣나요?
34) 선생님은 중국에 가십니까 아니면 일본에 가십니까?
35) 언니(누나)는 밥을 먹나요 아니면 빵을 먹나요?
36) 여동생은 한자를 씁니까 아니면 한글을 씁니까?

⟨형용사술어문⟩
1) 나는 피곤하다.
2) 그녀는 바쁘다.
3) 그는 뚱뚱하다.
4) 오빠는(형은) (키가) 크다
5) 이것은 비싸다.
6) 날씨가 덥다.
7) 나는 안 피곤하다.
8) 그녀는 안 바쁘다.
9) 그는 안 뚱뚱하다.
10) 오빠는(형은) (키가) 안 크다.

11) 이것은 안 비싸다.
12) 날씨가 안 덥다.
13) 당신은 피곤합니까?
14) 그녀는 바쁩니까?
15) 그는 뚱뚱합니까?
16) 오빠는(형은) (키가) 큽니까?
17) 이것은 비쌉니까?
18) 날씨가 덥습니까?
19) 당신은 피곤합니까 (안 피곤합니까)?
20) 그녀는 바쁩니까 (안 바쁩니까)?
21) 그는 뚱뚱합니까 (안 뚱뚱합니까)?
22) 오빠는(형은) (키가) 큽니까 (안 큽니까)?
23) 이것은 비쌉니까 (안 비쌉니까)?
24) 날씨가 덥습니까 (안 덥습니까)?
25) 누가 바쁩니까?
26) 누가 뚱뚱합니까?
27) 어느 것이 비쌉니까?
28) 어느 것이 무겁습니까?
29) 어디가 덥습니까?
30) 날씨가 어떻습니까?
31) 당신이 피곤합니까 아니면 그가 피곤합니까?
32) 아버지가 바쁘십니까 아니면 어머니가 바쁘십니까?
33) 언니(누나)가 뚱뚱합니까 아니면 여동생이 뚱뚱합니까?
34) 오빠가(형이) (키가) 큽니까 아니면 남동생이 (키가) 큽니까?
35) 이것이 비쌉니까 아니면 저것이 비쌉니까?
36) 당신 것이 무겁나요 아니면 그의 것이 무겁나요?

2. 〈판단문〉
1) 他们都是亚洲人。
2) 那是什么?
3) 那是西瓜。
4) 那件衣服不是新的。
5) 他不是律师。
6) 姐姐是大学生。
7) 这辆汽车不是妹妹的。
8) 他们是高中生吗?
9) 她是谁?
10) 他是不是你弟弟?

〈소유문〉
1) 我没有书包。
2) 姐姐有外国朋友。
3) 我没有运动鞋。
4) 他有没有背包?
5) 哥哥有摩托车。
6) 你有兄弟姐妹吗?
7) 这儿有电影院(馆)吗?
8) 他有英国朋友。
9) 我有照相机。
10) 她没有帽子。

〈존재문〉
1) 她的家在首尔。
2) 他在餐厅(里)吗?
3) 孩子们在运动场吗?
4) 他不在办公室(里)。
5) 他在香港。
6) 邮局在哪儿?
7) 姐姐在百货商店(里)。
8) 她的衣服在衣柜里。
9) 电影院(馆)在哪儿?
10) 汽水在冰箱里。

〈동사술어문〉
1) 他学习汉语吗?
2) 哥哥买衣服吗?
3) 她去百货商店。
4) 哥哥看电视。
5) 他不买鞋(子)。
6) 爸爸不喝绿茶吗?
7) 他喜欢你。
8) 姐姐喝红茶。
9) 弟弟看杂志。

10) 他学(习)西班牙语。

〈형용사술어문〉
 1) 四川菜很辣。
 2) 汉语很容易。
 3) 这个菜好吃吗?
 4) 考试很难。
 5) 那儿很冷。
 6) 哪儿暖和?
 7) 这儿很热。
 8) 衣服很贵。
 9) 东西很多。
 10) 钱不太多。

제7과 | 명사술어문

〈확인학습 1〉
 1) 现在五点半。
 2) 今年二十二岁。
 3) 这个十块。
 4) 今天二十三号。
 5) 后天星期三。
 6) 老王广东人。
 7) 我朋友上海人。
 8) 这件衣服三十块。
 9) 今天五月十五号。
 10) 明天星期天。

〈확인학습 2〉
 1) 现在不是五点半。
 2) 今年不是二十二岁。
 3) 这个不是十块。
 4) 今天不是二十三号。
 5) 后天不是星期三。
 6) 老王不是广东人。
 7) 我朋友不是上海人。
 8) 这件衣服不是三十块。
 9) 今天不是五月十五号。
 10) 明天不是星期天。

〈확인학습 3〉
 1) 现在五点半吗?
 2) 今年二十二岁吗?
 3) 这个十块吗?
 4) 今天二十三号吗?
 5) 后天星期三吗?
 6) 老王广东人吗?
 7) 你朋友上海人吗?
 8) 这件衣服三十块吗?
 9) 今天五月十五号吗?
 10) 明天星期天吗?

〈확인학습 4〉
 1) 现在几点?
 2) 今年多大?
 3) 这个多少(钱)?
 4) 今天几号?
 5) 后天星期几?
 6) 老王哪儿的人?
 7) 你朋友哪儿的人?
 8) 这件衣服多少钱?
 9) 今天几月几号?
 10) 明天星期几?

〈확인학습 5〉
 1) 现在五点半还是六点半?
 2) 今年二十二岁还是三十二岁?
 3) 这个十块还是二十块?
 4) 今天十三号还是二十三号?
 5) 后天星期三还是星期四?
 6) 老王广东人还是南京人?
 7) 那个一块还是七块?
 8) 明天五号还是六号?
 9) 明天星期二还是星期三?
 10) 小王香港人还是台湾人?

〈연습문제〉

1.
1) 지금은 5시 30분이다.
2) 올해 22살이다.
3) 이것은 10원이다.
4) 오늘은 13일이다.
5) 모레는 수요일이다.
6) 라오왕은 광동사람이다.
7) 지금은 5시 30분이 아니다.
8) 올해 22살 아니다.
9) 이것은 10원이 아니다.
10) 오늘은 13일이 아니다.
11) 모레는 수요일이 아니다.
12) 라오왕은 광동사람이 아니다.
13) 지금은 5시 30분입니까?
14) 올해 22살입니까?
15) 이것은 10원입니까?
16) 오늘은 13일입니까?
17) 모레는 수요일입니까?
18) 라오왕은 광동사람입니까?
19) 지금은 몇 시입니까?
20) 올해 몇 살입니까?
21) 이것은 얼마입니까?
22) 오늘은 몇 일입니까?
23) 모레는 무슨 요일입니까?
24) 라오왕은 어디 사람입니까?
25) 지금은 5시 30분입니까 아니면 6시 30분입니까?
26) 올해 22살입니까 아니면 32살입니까?
27) 이것은 10원입니까 아니면 20원입니까?
28) 오늘은 13일입니까 아니면 23일입니까?
29) 모레는 수요일입니까 아니면 목요일입니까?
30) 라오왕은 광동사람입니까 아니면 남경사람입니까?

2.
1) 现在不是五点半。
2) 今年不是二十二岁。
3) 这个不是十块。
4) 今天不是二十三号。
5) 后天不是星期三。
6) 老王不是广东人。
7) 我朋友不是上海人。
8) 这件衣服不是三十块。
9) 今天不是五月十五号。
10) 明天不是星期天。

3.
1) 现在五点半。
2) 今年二十二岁。
3) 这个十块。
4) 今天二十三号。
5) 后天星期三。
6) 老王广东人。
7) 我朋友上海人。
8) 这件衣服三十块。
9) 今天五月十五号。
10) 明天星期天。

4.
1) 现在五点半吗?
2) 今年多大?
3) 这个十块还是十一块?
4) 今天几号?
5) 后天星期三还是星期四?
6) 老王广东人吗?
7) 你朋友上海人还是北京人?
8) 这件衣服多少(钱)?
9) 今天五月十五号吗?
10) 明天星期几?

5.
1) 老王不是北京人。
2) 你的生日几月几号?
3) 现在两点二十(分)。
4) 他三十六岁。
5) 那个二十五块。
6) 昨天星期天。
7) 那个不是三百块(钱)。
8) 今天不是国庆节。
9) 大后天二十五号。

10) 明天星期几?

6.　1) 这台电脑六十八块。
　　2) 今天星期二。
　　3) 他不是二十岁。
　　4) 现在一点十五分。
　　5) 她不是天津人。
　　6) 今天不是三月一号。
　　7) 妹妹十五岁。
　　8) 老师南京人。
　　9) 这本书多少钱?
　　10) 下星期一几号?

7.　1) ①　　　　　2) ④
　　3) ④　　　　　4) ④
　　5) ③　　　　　6) ③

제8과 | 주술술어문

〈확인학습 1〉
1) 他身体很健康。
2) 学校环境很好。
3) 她学习很认真。
4) 爸爸胃口很好。
5) 她个子很高。
6) 这儿空气很新鲜。
7) 他肚子很疼。
8) 公司情况很好。
9) 这台收音机声音很好。 / 这台收音机声音很好听。
10) 这台电视机样子很好。 / 这台电视机样子很好看。

〈확인학습 2〉
1) 他身体不健康。
2) 学校环境不好。
3) 她学习不认真。
4) 爸爸胃口不好。
5) 她个子不高。
6) 这儿空气不新鲜。
7) 他肚子不疼。
8) 公司情况不好。
9) 这台收音机声音不好。 / 这台收音机声音不好听。
10) 这台电视机样子不好。 / 这台电视机样子不好看。

〈확인학습 3〉
1) 他身体健康吗?
2) 学校环境好吗?
3) 她学习认真吗?
4) 爸爸胃口好吗?
5) 她个子高吗?
6) 这儿空气新鲜吗?
7) 他肚子疼吗?
8) 公司情况好吗?
9) 这台收音机声音好听吗?
　 这台收音机声音好听吗?
10) 这台电视机样子好看吗?
　 这台电视机样子好看吗?

〈확인학습 4〉
1) 他身体健康不健康?
2) 学校环境好不好?
3) 她学习认真不认真?
4) 爸爸胃口好不好?
5) 她个子高不高?
6) 这儿空气新鲜不新鲜?
7) 他肚子疼不疼?
8) 公司情况好不好?
9) 这台收音机声音好不好?
　 这台收音机声音好(听)不好听?
10) 这台电视机样子好不好?
　 这台电视机样子好(看)不好看?

〈확인학습 5〉
1) 他身体怎么样?
2) 学校环境怎么样?
3) 她学习怎么样?

4) 爸爸胃口怎么样?
5) 她个子怎么样?
6) 这儿空气怎么样?
7) 他肚子怎么样?
8) 公司情况怎么样?
9) 这台收音机声音怎么样?
10) 这台电视机样子怎么样?

〈연습문제〉

1. 1) 그는 몸이 (매우) 건강하다.
2) 학교는 환경이 (매우) 좋다.
3) 그녀는 공부를 매우 열심히 한다.
4) 아버지는 입맛이 (매우) 있으시다.
5) 그녀는 (키가) 매우 크다.
6) 이곳은 공기가 (매우) 신선하다.
7) 그는 몸이 건강하지 않다.
8) 학교는 환경이 좋지 않다.
9) 그녀는 공부를 열심히 하지 않는다.
10) 아버지는 입맛이 없으시다.
11) 그녀는 (키가) 크지 않다.
12) 이곳은 공기가 신선하지 않다.
13) 그는 몸이 건강합니까?
14) 학교는 환경이 좋습니까?
15) 그녀는 공부를 열심히 합니까?
16) 아버지는 입맛이 있으십니까?
17) 그녀는 (키가) 큽니까?
18) 이곳은 공기가 신선합니까?
19) 그는 몸이 건강합니까 (안 건강합니까)?
20) 학교는 환경이 좋습니까 (안 좋습니까)?
21) 그녀는 공부를 열심히 합니까 (열심히 안 합니까)?
22) 아버지는 입맛이 있으십니까 (없으십니까)?
23) 그녀는 (키가) 큽니까 (안 큽니까)?
24) 이곳은 공기가 신선합니까 (안 신선합니까)?
25) 그는 몸이 어떻습니까?
26) 학교는 환경이 어떻습니까?
27) 그녀는 공부가 어떻습니까?
28) 아버지는 입맛이 어떻습니까?
29) 그녀는 키가 어떻습니까?
30) 이곳은 공기가 어떻습니까?

2. 1) 他身体不健康。
2) 学校环境不好。
3) 她学习不认真。
4) 爸爸胃口不好。
5) 她个子不高。
6) 这儿空气不新鲜。
7) 他肚子不疼。
8) 公司情况不好。
9) 这台收音机声音不好听。
10) 这台电视样子不好看。

3. 1) 他身体很健康。
2) 学校环境很好。
3) 她学习很认真。
4) 爸爸胃口很好。
5) 她个子很高。
6) 这儿空气很新鲜。
7) 他肚子很疼。
8) 公司情况很好。
9) 这台收音机声音很好听。
10) 这台电视样子很好看。

4. 1) 他身体健康吗?
2) 学校环境好不好?
3) 她学习怎么样?
4) 爸爸胃口好吗?
5) 她个子高不高?
6) 这儿空气新鲜吗?
7) 他肚子疼不疼?
8) 公司情况怎么样?
9) 这台收音机声音好听吗?
10) 这台电视样子好(看)不好看?

5. 1) 爷爷健康还好。
2) 姐姐个子很高。

3) 你身体不好吗?
4) 我奶奶身体很好。
5) 我们学校女学生很多。
6) 朴老师头发很长。
7) 我头很疼。
8) 济州岛空气很好。
9) 她个子一米七五。
10) 南京空气不太好。

6. 1) 你父母身体怎么样?
2) 这家工厂年轻人很多。
3) 他牙很疼。
4) 那个学校女老师不多。
5) 今天天气很冷。
6) 姐姐身体不好。
7) 这件衣服颜色不太好看。
8) 你胃口怎么样?
9) 你姥姥身体好不好?
10) 我们生活不太习惯。

7. 1) ①   2) ③
3) ④   4) ④
5) ②   6) ④

제9과 | 이중목적어문

〈확인학습 1〉

1) 朋友给我一张电影票。
2) 姐姐送妈妈一件毛衣。
3) 小王借我一本小说。
4) 他还我三百块。
5) 服务员找他三块钱。
6) 王老师教我们汉语。
7) 妹妹问姐姐一个问题。
8) 老师告诉我一个好消息。
9) 职员通知我们一件事儿。
10) 小王问她去哪儿。
11) 老李问我哪个办法好。
12) 管理员告诉我们今天停电。
13) 哥哥给我们两张机票。
14) 王老师教留学生太极拳。
15) 他给女朋友一束花。

〈연습문제〉

1. 1) 친구가 나에게 영화표 한 장을 준다.
2) 언니(누나)가 어머니께 스웨터 한 벌을 선물한다.
3) 샤오왕이 나에게 소설책 한 권을 빌린다.
4) 그가 나에게 300원을 돌려준다.
5) 종업원이 그에게 3원을 거슬러 준다.
6) 왕선생님은 우리에게 중국어를 가르치신다.
7) 여동생이 언니(누나)에게 문제 하나를 묻는다.
8) 선생님이 우리에게 좋은 소식 하나를 알려주신다.
9) 직원이 우리에게 한 가지 업무를 통지한다.
10) 샤오왕이 그녀에게 어디 가는지를 묻는다.
11) 라오리가 나에게 어느 방법이 좋은지를 묻는다.
12) 관리원이 우리들에게 내일 정전이라고 알려준다.

2. 1) 哥哥送(给)我一件礼物。
2) 我还(给)朋友一本书。
3) 他教学生日语。
4) 妈妈不给我钱。
5) 哥哥不借(给)我小说。
6) 男朋友不送(给)我花。
7) 她告诉我一个好消息。
8) 哥哥送我一支铅笔。
9) 服务员找我十块(钱)。
10) 姐姐送奶奶一件毛衣。

3. 1) 她告诉我电话号码。
2) 妈妈给弟弟生日礼物。
3) 李老师教我们数学。
4) 服务员找我两块四毛五(分)。

5) 姐姐送(给)爸爸一本书。
6) 我借他一台照相机。
7) 姐姐送(给)爷爷一块手表。
8) 哥哥告诉我们一个秘密。
9) 司机找她零钱。
10) 她送(给)弟弟一双鞋(子)。

5) 他坐火车去上海。
6) 老师骑自行车上班。
7) 小王用左手吃饭。
8) 我坐出租车去仁川机场。
9) 他开车上班。
10) 她用铅笔画画儿。

제10과 | 연동문

〈확인학습 1〉
1) 弟弟出来开门。
2) 他取钱买衣服。
3) 她上车买票。
4) 她去听讲座。
5) 姐姐去超市买东西。
6) 我们去教室上课。
7) 小王去邮局寄信。
8) 他去旅行社买机票。
9) 姐姐去银行取钱。
10) 哥哥去健身房锻炼(身体)。

〈확인학습 2〉
1) 我去图书馆借书。
2) 他去百货商店买衣服。
3) 她去咖啡馆见朋友。
4) 朋友老师去医院看病。
5) 总经理来首尔开会。
6) 王教授来韩国讲学。
7) 她去中国学(习)汉语。
8) 妹妹去书店买书。
9) 爸爸去医院检查身体。
10) 哥哥去北京做生意。 / 哥哥去北京做买卖。

〈확인학습 3〉
1) 我用电脑写文章。
2) 他用筷子吃饭。
3) 我们用汉语谈话。
4) 她坐飞机来北京。

〈확인학습 4〉
1) 我有钱买电脑。
2) 他有钱去北京。
3) 我们有机会说汉语。
4) 她有时间看电视剧。
5) 她有时间交男朋友。
6) 妈妈有时间喝咖啡。
7) 姐姐有时间看电影。
8) 我有钱买衣服。
9) 我有时间参加会议。
10) 他有机会去中国。

〈확인학습 5〉
1) 我不去看电影。
2) 他不来上课。
3) 我没有钱买电脑。
4) 他没有时间看电视剧。
5) 她要买支钢笔送朋友。
6) 我想买水果吃。
7) 我没有衣服穿。
8) 我没有时间参加会议。
9) 我没有钱买手机。
10) 姐姐没有时间打工。

〈연습문제〉
1. 1) 남동생이 나와서 문을 연다.
2) 그는 돈을 인출해서 옷을 산다.
3) 그녀는 승차해서 표를 산다.
4) 그녀는 가서 강좌를 듣는다.
5) 언니(누나)는 슈퍼에 가서 물건을 산다.

6) 우리는 교실에 가서 수업을 듣는다.
7) 나는 책을 빌리러 도서관에 간다.
8) 그는 옷을 사러 백화점에 간다.
9) 그녀는 친구를 만나러 커피숍에 간다.
10) 선생님은 진찰을 받으러 병원에 가신다.
11) 사장님은 회의하러 서울에 오신다.
12) 왕교수님은 강의하러 한국에 오신다.
13) 나는 컴퓨터를 사용해서 글을 쓴다.
14) 그는 젓가락을 사용해서 밥을 먹는다.
15) 우리는 중국어로 대화한다.
16) 그는 비행기를 타고 북경에 온다.
17) 그는 기차를 타고 상해에 간다.
18) 선생님은 자전거를 타고 출근하신다.
19) 나는 컴퓨터를 살 돈이 있다.
20) 그는 북경에 갈 시간이 없다.
21) 우리는 중국어를 할 기회가 있다.
22) 나는 연속극을 볼 시간이 있다.
23) 그녀는 남자 친구를 사귈 시간이 있다.
24) 어머니는 커피를 마실 시간이 있다.
25) 나는 영화를 보러 가지 않는다.
26) 그는 수업하러 오지 않는다.
27) 나는 컴퓨터를 살 돈이 없다.
28) 그는 연속극을 볼 시간이 없다
29) 그녀는 만년필 한 자루를 사서 친구에게 주려고 한다.
30) 나는 과일을 사서 먹을 생각이다.

2. 1) 我没有时间去玩儿。
2) 他去餐厅吃饭。
3) 他下班喝酒。
4) 她去书店见朋友。
5) 我有计划去欧洲。
6) 他们都去看京剧。
7) 你们得洗手吃饭。
8) 姐姐没有时间听音乐。
9) 我没有钱买机票。
10) 今天我要去医院看病。

3. 1) 明天我坐飞机去香港。
2) 他每天骑摩托车来公司。
3) 我有钱买百科全书。
4) 现在他有机会学开车。
5) 王老师用汉语上课。
6) 他骑自行车去学校。
7) 我去邮局寄包裹。
8) 我坐船去日本。
9) 我有时间做作业。
10) 他用圆珠笔写名字。

제11과 | 겸어문

〈확인학습 1〉

1) 他请我们吃晚饭。
2) 他请我解释这个问题。
3) 老板让他们搬家具。
4) 老板让他接电话。
5) 老师叫小王回答问题。
6) 老师叫我们复习课文。
7) 妈妈让我打扫房间。
8) 公司让他回国。
9) 他让我告诉你。
10) 他们请我去。

〈확인학습 2〉

1) 老板不让他们搬家具。
2) 老板不让他接电话。
3) 老师没叫小王回答问题。
4) 老师没叫我们复习课文。
5) 我想请你们吃晚饭。
6) 我可以请你们来。
7) 爸爸不让我们参加晚会。
8) 我不让他走。
9) 她爸爸不让她去看电影。
10) 爸爸不让哥哥抽烟。

〈확인학습 3〉
1) 外边有人找你。
2) 外边有人敲门。
3) 楼下有人找你。
4) 外边没有人找你。
5) 外边没有人敲门。
6) 楼下没有人找你。
7) 今天有人迟到。
8) 今天没有人迟到。
9) 我们班有人去美国。
10) 我们班没有人去美国。

〈연습문제〉

1.
1) 그가 우리들을 저녁 식사에 초대했다.
2) 그가 나더러 이 문제를 설명하라고 했다.
3) 사장님은 그들에게 가구를 옮기라고 했다.
4) 사장님은 그더러 전화를 받으라고 했다.
5) 선생님은 샤오왕에게 문제에 답하라고 했다.
6) 선생님은 우리들에게 본문을 복습하라고 했다.
7) 사장님은 그들에게 가구를 옮기지 말라고 했다.
8) 사장님은 그더러 전화를 받지 말라고 했다.
9) 선생님은 샤오왕에게 문제에 답하라고 하지 않았다.
10) 선생님은 우리들에게 본문을 복습하라고 하지 않았다.
11) 나는 너희들을 저녁 식사에 초대하고 싶다.
12) 너는 그들을 오게 해도 된다.
13) 밖에 어떤 사람이 너를 찾는다.
14) 밖에 어떤 사람이 문을 두드린다.
15) 아래층에 어떤 사람이 너를 찾는다.
16) 밖에 너를 찾는 사람이 없다.
17) 밖에 문을 두드리는 사람이 없다.
18) 아래층에 너를 찾는 사람이 없다.

2.
1) 妈妈让姐姐做饭。
2) 客人的态度使他生气。
3) 他没有让我们等(他)。
4) 爸爸不让姐姐去中国留学。
5) 朋友请我吃晚饭。
6) 老板让我打扫屋子。
7) 他让我替老师买一本书(来)。
8) 他没让我参加。
9) 我们让他来我家。
10) 王老师叫小李念课文。

3.
1) 老师让他们回去。
2) 妈妈的话使我很感动。
3) 医生让我吃药。
4) 老板叫小李去中国出差。
5) 这件事使妈妈很高兴。
6) 那个连续剧使我很高兴。
7) 妈妈叫弟弟买水果。
8) 老师让学生写日记。
9) 妈妈不让弟弟学太极拳。
10) 医生不让爸爸喝酒。

제12과 | 복습 II

1. 〈명사술어문〉
1) 지금은 5시 30분이다.
2) 올해 22살이다.
3) 이것은 10원이다.
4) 오늘은 13일이다.
5) 모레는 수요일이다.
6) 라오왕은 광동사람이다.
7) 지금은 5시 30분이 아니다.
8) 올해 22살 아니다.
9) 이것은 10원이 아니다.
10) 오늘은 13일이 아니다.
11) 모레는 수요일이 아니다.
12) 라오왕은 광동사람이 아니다.
13) 지금은 5시 30분입니까?
14) 올해 22살입니까?

15) 이것은 10원입니까?
16) 오늘은 13일입니까?
17) 모레는 수요일입니까?
18) 라오왕은 광동사람입니까?
19) 지금은 몇 시입니까?
20) 올해 몇 살입니까?
21) 이것은 얼마입니까?
22) 오늘은 몇 일입니까?
23) 모레는 무슨 요일입니까?
24) 라오왕은 어디 사람입니까?
25) 지금은 5시 30분입니까 아니면 6시30분입니까?
26) 올해 22살입니까 아니면 32살입니까?
27) 이것은 10원입니까 아니면 20원입니까?
28) 오늘은 13일입니까 아니면 23일입니까?
29) 모레는 수요일입니까 아니면 목요일입니까?
30) 라오왕은 광동사람입니까 아니면 남경사람입니까?

〈주술술어문〉
1) 그는 몸이 (매우) 건강하다.
2) 학교는 환경이 (매우) 좋다.
3) 그녀는 공부를 매우 열심히 한다.
4) 아버지는 입맛이 (매우) 있으시다.
5) 그녀는 (키가) (매우) 크다.
6) 이곳은 공기가 (매우) 신선하다.
7) 그는 몸이 건강하지 않다.
8) 학교는 환경이 좋지 않다.
9) 그녀는 공부를 열심히 하지 않는다.
10) 아버지는 입맛이 없으시다.
11) 그녀는 (키가) 크지 않다.
12) 이곳은 공기가 신선하지 않다.
13) 그는 몸이 건강합니까?
14) 학교는 환경이 좋습니까?
15) 그녀는 공부를 열심히 합니까?
16) 아버지는 입맛이 있으십니까?
17) 그녀는 (키가) 큽니까?
18) 이곳은 공기가 신선합니까?
19) 그는 몸이 건강합니까 (안 건강합니까)?
20) 학교는 환경이 좋습니까 (안 좋습니까)?
21) 그녀는 공부를 열심히 합니까 (안 합니까)?
22) 아버지는 입맛이 있으십니까 (없으십니까)?
23) 그녀는 (키가) 큽니까 (안 큽니까)?
24) 이곳은 공기가 신선합니까 (안 신선합니까)?
25) 그는 몸이 어떻습니까?
26) 학교는 환경이 어떻습니까?
27) 그녀는 공부가 어떻습니까?
28) 아버지는 입맛이 어떻습니까?
29) 그녀는 키가 어떻습니까?
30) 이곳은 공기가 어떻습니까?

〈이중목적어문〉
1) 친구가 나에게 영화표 한 장을 준다.
2) 언니(누나)가 어머니께 스웨터 한 벌을 선물한다.
3) 샤오왕이 나에게 소설책 한 권을 빌린다.
4) 그가 나에게 300원을 돌려준다.
5) 종업원이 그에게 3원을 거슬러 준다.
6) 왕선생님은 우리에게 중국어를 가르치신다.
7) 여동생이 언니에게 문제 하나를 묻는다.
8) 선생님이 우리에게 좋은 소식 하나를 알려주신다.
9) 직원이 우리에게 한 가지 업무를 통지한다.
10) 샤오왕이 그녀에게 어디 가는지를 묻는다.
11) 라오리가 나에게 어느 방법이 좋은지를 묻는다.
12) 관리원이 우리들에게 내일 정전이라고 알려준다.

〈연동문〉
1) 남동생이 나와서 문을 연다.
2) 그는 돈을 인출해서 옷을 산다.
3) 그녀는 승차해서 표를 산다.
4) 그녀는 가서 강좌를 듣는다.
5) 언니(누나)는 슈퍼에 가서 물건을 산다.
6) 우리는 교실에 가서 수업을 듣는다.
7) 나는 책을 빌리러 도서관에 간다.
8) 그는 옷을 사러 백화점에 간다.

9) 그녀는 친구를 만나러 커피숍에 간다.
10) 선생님은 진찰을 받으러 병원에 가신다.
11) 사장님은 회의하러 서울에 오신다.
12) 왕교수님은 강의하러 한국에 오신다.
13) 나는 컴퓨터를 사용해서 글을 쓴다.
14) 그는 젓가락을 사용해서 밥을 먹는다.
15) 우리는 중국어로 대화한다.
16) 그는 비행기를 타고 북경에 온다.
17) 그는 기차를 타고 상해에 간다.
18) 선생님은 자전거를 타고 출근하신다.
19) 나는 컴퓨터를 살 돈이 있다.
20) 그는 북경에 갈 시간이 없다.
21) 우리는 중국어를 할 기회가 있다.
22) 나는 연속극을 볼 시간이 있다.
23) 그녀는 남자 친구를 사귈 시간이 있다.
24) 어머니는 커피를 마실 시간이 있다.
25) 나는 영화를 보러 가지 않는다.
26) 그는 수업하러 오지 않는다.
27) 나는 컴퓨터를 살 돈이 없다.
28) 그는 연속극을 볼 시간이 없다
29) 그녀는 만년필 한 자루를 사서 친구에게 주려고 한다.
30) 나는 과일을 사서 먹을 생각이다.

〈겸어문〉
1) 그가 우리들을 저녁 식사에 초대했다.
2) 그가 나더러 이 문제를 설명하라고 했다.
3) 사장님은 그들에게 가구를 옮기라고 했다.
4) 사장님은 그더러 전화를 받으라고 했다.
5) 선생님은 샤오왕에게 문제에 답하라고 했다.
6) 선생님은 우리들에게 본문을 복습하라고 했다.
7) 사장님은 그들에게 가구를 옮기지 말라고 했다.
8) 사장님은 그더러 전화를 받지 말라고 했다.
9) 선생님은 샤오왕에게 문제에 답하라고 하지 않았다.
10) 선생님은 우리들에게 본문을 복습하라고 하지 않았다.

11) 나는 너희들을 저녁 식사에 초대하고 싶다.
12) 너는 그들을 오게 해도 된다.
13) 밖에 어떤 사람이 너를 찾는다.
14) 밖에 어떤 사람이 문을 두드린다.
15) 아래층에 어떤 사람이 너를 찾는다.
16) 밖에 너를 찾는 사람이 없다.
17) 밖에 문을 두드리는 사람이 없다.
18) 아래층에 너를 찾는 사람이 없다.

2. 〈명사술어문〉
1) 这台电脑六十八块。
2) 今天星期二。
3) 他不是二十岁。
4) 现在一点十五分。
5) 她不是天津人。
6) 今天不是三月一号。
7) 妹妹十五岁。
8) 老师南京人。
9) 这本书多少钱?
10) 下星期一几号?

〈주술술어문〉
1) 你父母身体怎么样?
2) 这家工厂年轻人很多。
3) 他牙很疼。
4) 那个学校女老师不多。
5) 今天天气很冷。
6) 姐姐身体不好。
7) 这件衣服颜色不太好看。
8) 你胃口怎么样?
9) 你姥姥身体好不好?
10) 我们生活不太习惯。

〈이중목적어문〉
1) 她告诉我电话号码。
2) 妈妈给弟弟生日礼物。
3) 李老师教我们数学。
4) 服务员找我两块四毛五(分)。
5) 姐姐送(给)爸爸一本书

부록 연습문제 답안

6) 我借他一台照相机。
7) 姐姐送(给)爷爷一块手表。
8) 哥哥告诉我们一个祕密。
9) 司机找她零钱。
10) 她送(给)弟弟一双鞋(子)。

〈연동문〉
1) 明天我坐飞机去香港。
2) 他每天骑摩托车来公司。
3) 我有钱买百科全书。
4) 现在他有机会学开车。
5) 王老师用汉语上课。
6) 他骑自行车去学校。
7) 我去邮局寄包裹。
8) 我坐船去日本。

9) 我有时间做作业。
10) 他用圆珠笔写名字。

〈겸어문〉
1) 老师让他们回去。
2) 妈妈的话使我很感动。
3) 医生让我吃药。
4) 老板叫小李去中国出差。
5) 这件事使妈妈很高兴。
6) 那个连续剧使我狠高兴。
7) 妈妈叫弟弟买水果。
8) 老师让学生写日记。
9) 妈妈不让弟弟学太极拳。
10) 医生不让爸爸喝酒。

저 자 약 력

서 희 명

- 복단대학 문학박사
- 現. 한양여자대학교 통상중국어과 교수

원포인트 초급 중국어문법

초 판 인 쇄 2017년 12월 21일
초 판 발 행 2017년 12월 29일

저　　　자 서 희 명
발 행 인 윤 석 현
발 행 처 제이앤씨
책 임 편 집 최 인 노
등 록 번 호 제7-220호

우 편 주 소 서울시 도봉구 우이천르 353 성주빌딩 3층
대 표 전 화 02) 992 / 3253
전　　　송 02) 991 / 1285
홈 페 이 지 http://jncbms.co.kr
전 자 우 편 jncbook@hanmail.net

ⓒ 서희명 2017 Printed in KOREA.

ISBN 979-11-5917-089-8   13720   정가 19,000원

* 이 책의 내용을 사전 허가 없이 전재하거나 복제할 경우 법적인 제재를 받게 됨을 알려드립니다.
** 잘못된 책은 구입하신 서점이나 본사에서 교환해 드립니다.